Die Presse

Die Presse

Contemporary Issues in German Newspapers

Klaus A. Mueller

University of California, Berkeley

With the Assistance of

Susanne I. Hoppmann-Liecty

D. C. HEATH AND COMPANY
Lexington, Massachusetts Toronto London

TO BEV

See Page 177 For Acknowledgments

Published simultaneously in Canada.

Printed in the United States of America.

International Standard Book Number: 0-669-92536-5

Library of Congress Catalog Card Number: 75-5143

Preface

This press reader has been designed to introduce students of inter-
mediate German to views, events and issues of our times through the
engaging medium of journalistic writing, and to promote comprehension and retention of these materials by providing a wide variety of
exercises and activities which will facilitate understanding.

Selected and abbreviated excerpts from representative German press
publications (*Der Spiegel, Die Zeit, Frankfurter Allgemeine Zeitung,
Quick,* and *Scala International*) are assembled in eight chapters, each
of which embraces a single theme. The readings vary in number, length,
and degree of linguistic difficulty, and will thus appeal to the wide
variety of student abilities and interests. Vocabulary items which the
student cannot be reasonably expected to know are glossed in the
margin of each reading selection.

The opportunities for oral as well as writing and reading practice and
the variety of class and self-study activities suggested go beyond the
scope of any press reader previously published.

The book is organized as follows:

Bildbericht: The photo essays appearing at the beginning of each
chapter offer the students a combined visual and textual background on
the reading selections that follow. The essays consist of carefully
selected photos and explanatory text. They are followed by questions to
test the student's comprehension and themes for oral exposition and
written composition.

Reading Selections: The selections vary in length and difficulty. The
briefer and less difficult selections appear at the beginning of each
chapter. The glosses of words and expressions give the meanings they
have in the context of the selection.

Inhaltsfragen: For each selection a number of questions are provided
in order to test the student's ability to understand the text.

Schriftliches: For each selection two types of written exercises are included. Type A consists of sentence-completion exercises. A key to
these exercises appears at the end of the book. Type B presents direc-
tions for a written summary of the selection and an application exercise
to test the student's ability to use some of the vocabulary of each excerpt
in a context of his choice.

Diskussionsthemen: Each chapter ends with suggested discussion
topics. These serve a variety of purposes, but are primarily designed to
aid students in the preparation of class discussion.

Humor: These sections are included to supplement the regular press selections. They provide the students with entertaining reading and give the teacher an opportunity to enliven class discussion.

A special note of acknowledgement is due to *Der Spiegel, Die Zeit, Frankfurter Allgemeine Zeitung, Scala International, and Quick* for their kind permission to reproduce their articles in this text.

Contents

i Technik und Wissenschaft

1-B

Kohle – eine wichtige Energiequelle

Energie ist für die Bundesrepublik, wie für
alle industrialisierten Länder, die Basis
des wirtschaftlichen Fortschritts. Im
Gegensatz aber zu anderen europäischen
Industrieländern wie Frankreich oder Italien, deckt die Bundesrepublik auch heute
noch einen erheblichen Teil ihres Ener-
giebedarfs mit eigener Kohle. (Siehe
Bild 1-A).

Die Kohle wird größtenteils in Elektrizi-
tät umgewandelt. Kohle und Stahl, auf
engem Raum im Industriegebiet an der
Ruhr produziert, waren der Ursprung des
industriellen Aufschwungs, der unmittelbar vor dem Zweiten Weltkrieg
stattgefunden hatte.

Erst seit 1945 begann die Bundesrepublik in zunehmendem Maße Mineralöl ein-
zuführen. Durch die enorme Erhöhung der

1-C

2

Mineralölpreise und die damit verbundene Energiekrise der letzen Jahre, ist jedoch heute das Interesse an der Kohle viel stärker als je zuvor.

Die Kohle wird traditionell in schwerer und gefährlicher Arbeit *unter Tage gefördert* (taken out of underground mines), wie man im Bilde 1-B sehen kann. Moderne Maschinen erleichtern die schwere Arbeit der Bergleute, deren Arbeitsplatz, hunderte von Metern unter der Erdoberfläche, durch Stahlplatten abgesichert ist.

1-E

1-D

Die Fördertürme und Maschinenhäuser der Steinkohlenbergwerke bestimmen das Landschaftsbild des Ruhrgebietes (1-C). Aufzüge befördern die Kohle an die Oberfläche und bringen die Bergleute beim *Schichtwechsel* (change of shifts) unter Tage, und am Ende ihrer Schicht, die etwa 6 Stunden dauert, wieder an die Oberfläche.

In der Umgebung von Köln wühlen riesige Bagger die Erde auf, um *Braunkohle in offenen Gruben* (lignite produced by strip mining) abzubauen (1-D). Diese geologisch junge Kohle enthält viel Sand und Asche. Ihr Heizwert ist daher relativ gering und ihr Transport nicht rentabel. Elektrizitätswerke in unmittelbarer Nähe der Gruben verwandeln die Braunkohle in Energie. Die von den Baggern zerstörte Landschaft wird durch Bepflanzung wieder nutzbar gemacht. Ein kleines Land

3

1-F

wie die Bundesrepublik kann es sich nicht
leisten, wertvollen Grund und Boden für
immer zu zerstören.

Der einst legendäre Rhein ist heute
einer der wichtigsten Transportwege in
der Bundesrepublik (1-E). Die Kohle wird
zum großen Teil in *Schleppkähnen*
(barges) transportiert. Kanäle verbinden
den Rhein mit anderen Flüssen, wie
Donau, Weser und Elbe.

Am Ende ihres langen Weges wird die
Kohle in saubere und vielseitig ver-
wendbare elektrische Energie verwandelt. In riesigen Transformatorenstationen
wird der elektrische Strom über das ganze
Land verteilt (1-F). Hochspannungsleitungen bringen den Strom an die Städte
und Dörfer, und somit die Energie zum
Verbraucher (1-G). ■

1-G

Verbrauch der Bundesrepublik Deutschland an geschätzter Primär-Energie 1974

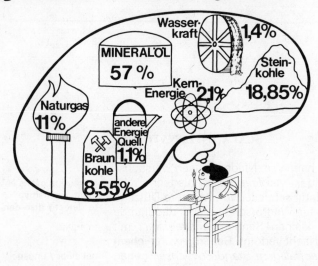

1-H

Inhaltsfragen

1. Was ist die Basis für den wirtschaftlichen Fortschritt aller industrialisierten Ländern?
2. Warum ist das Interesse an der Kohle in der Bundsrepublik stärker als je zuvor?
3. Wodurch ist die Arbeit der Bergleute leichter und weniger gefährlich geworden?
4. Warum ist der Transport der Braunkohle nicht rentabel?
5. Wie wird ein großer Teil der Steinkohle transportiert?
6. Wie wird der elektrische Strom zum Verbraucher gebracht?

Diskussionsthemen

1. Der industrielle Aufschwung Deutschlands vor dem Zweiten Weltkrieg.
2. Primär-Energie in der Bundesrepublik. (Siehe Bild 1-H)
3. Der Rhein — seine Bedeutung gestern und heute.

Aufsatzthemen

Schreiben Sie einen kurzen Aufsatz (etwa 80 Wörter) über eines der folgenden Themen:

1. Die Wichtigkeit der Energie für ein industrialisiertes Land wie die Bundesrepublik.
2. Ist Ihrer Meinung nach der mit der Braunkohlenförderung verbundene Umweltschaden gerechtfertig?
3. Was sollte unternommen werden, um die Abhängigkeit der industrialisierten Länder vom Mineralöl als Energiequelle zu beseitigen?

Hier spricht das Reh

SCALA INTERNATIONAL

Rehe, Hirsche und Wildschweine helfen in Niedersachsen versuchs-
weise beim *Umweltschutz*. Das Wild ist viel *feinfühliger* als technische
Geräte, es *spürt Mißstände* in der Natur schneller *auf*. Mehrere Dutzend
Tiere wurden deshalb vom Institut für Wildforschung und Jagdkunde
an der Universität Göttingen mit kleinen Sendern *ausgerüstet*; mit
Empfängern wird ihr Weg Tag und Nacht verfolgt. Bei ungewöhnlichem
Verhalten der Tiere, besonders bei *auffälligem Standortwechsel*, gehen
die Wissenschaftler den Ursachen nach.

protection of the environment / sensitive
to detect / disorders, upsets

to equip

behavior / unusual / change
of territory

Inhaltsfragen

1. Womit wurden mehrere Dutzend Tiere ausgerüstet?
2. Was kann das Wild besser als technische Geräte?
3. Wobei helfen Rehe, Hirsche und Wildschweine in Niedersachsen?
4. Womit wird ihr Weg Tag und Nacht verfolgt?
5. Was machen die Wissenschaftler, wenn sie ungewöhnliches
    Verhalten und auffälligen Standortwechsel der Tiere beobachten?

Schriftliches

A. Vervollständigen Sie bitte die folgenden Übungssätze. (Key p. 163)

1. In Niedersachsen helfen Rehe, ...
2. Mißstände in der Natur werden vom Wild . . . . .
3. Das Institut für Wildforschung und Jagdkunde an der Universität
    Göttingen hat deshalb . . . . .
4. Wissenschaftler verfolgen den Weg der Tiere . . . . .
5. Wenn sie ungewöhnliches Verhalten und auffälligen Standort-
    wechsel bei den Tieren feststellen, ...

B.

1. Geben Sie eine kurze Inhaltsangabe des Artikels. Ziel einer Inhalts-
    angabe ist es, den Text in knapper und logischer Folge wieder-
    zugeben. Der Stil sollte sachlich und informativ sein und keine
    direkte Rede enthalten.

2. Wählen Sie fünf der am Rande übersetzten Wörter und Rede-
   wendungen, und verwenden Sie dieselben jeweils in einem neuen
   Satz.
   Beispiel eines solchen Satzes:
   Vokabel: VERHALTEN
   Satz: Ich fand das Verhalten des Mannes höchst ungewöhnlich.

Wasserstoff-Benzin

DER SPIEGEL

Amerikas Wissenschaftler glauben, eine Lösung der Benzinkrise
gefunden zu haben : einen neuen *Treibstoff,* der aus einem *Gemisch* von   fuel / mixture
Wasserstoff und Benzin besteht. Ingenieure des Jet Propulsion   hydrogen
Laboratory (JPL) in Pasadena (US-Staat Kalifornien) *stellten* vor   to present, to introduce
kurzem einen mit dem Gemisch *betriebenen* Testwagen *vor.* Die   operated
Vorteile des neuen Treibstoffs: Er verbrennt fast ohne *schädliche*   poisonous, damaging
Rückstände und erfüllt damit heute schon alle Vorschriften für die   residues
Reinheit von *Auspuffgasen,* die Amerikas Regierung den Autobauern   exhaust fumes
erst ab 1977 *auferlegt.* Überdies ist Wasserstoff — der *Hauptbestandteil*   to impose / main component
des neuen Auto-Antriebs — in *unerschöpflichen* Mengen in Meeren,   unlimited, inexhaustible
Flüssen und Seen vorhanden. Am wichtigsten aber erscheint den
JPL-Wissenschaftlern, daß der neue Treibstoff in *herkömmlichen*   customary, traditional
Motoren verbrannt werden kann, ohne daß große technische
Veränderungen notwendig werden.   changes

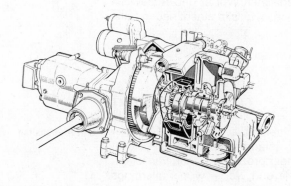

Wankel Verbrennungsmotor

Inhaltsfragen

1. Was glauben Amerikas Wissenschaftler gefunden zu haben?
2. Woraus besteht der neuartige Treibstoff?
3. Von wem und wo wurde der Testwagen vorgestellt?
4. Welche Vorteile hat der neue Treibstoff?
5. Was hat die amerikanische Regierung der Autoindustrie ab 1977 auferlegt?
6. Was ist der Hauptbestandteil des neuen Auto-Antriebs?
7. Ist er in ausreichenden Mengen vorhanden und wo?
8. Was erscheint den JPL-Wissenschaftlern am wichtigsten an ihrer Entdeckung?

Schriftliches

A. Vervollständigen Sie bitte die folgenden Übungssätze. (Key p. 163)

1. In einem neuen Treibstoff, der aus einem Gemisch von Wasserstoff und Benzin besteht, ...
2. Ein Testwagen, der . . . . .
3. Die Vorteile des neuen Treibstoffs bestehen darin, daß . . . . .
4. Der Hauptbestandteil des neuen Antriebsstoffes . . . . .
5. Wasserstoff ist in . . . . .
6. Herkömmliche Motoren können den . . . . .

B.

1. Geben Sie eine kurze Inhaltsangabe des Artikels.
2. Wählen Sie fünf der am Rande übersetzten Wörter und Redewendungen, und verwenden Sie dieselben jeweils in einem neuen Satz.

Erdbeben mit Voranmeldung

DIE ZEIT

Mit der *San-Andreas-Bruch-Zone*, die ihren Staat auf 1000 Kilometer Länge durchzieht, leben die Kalifornier gefährlich. Ein Großbeben ist ihnen nicht nur so gut wie, sondern hundertprozentig sicher, versichern die Experten. Fraglich ist nur, wann, wie und wo — wobei allerdings   San Andreas falt

einigen Seismologen Los Angeles als *„aussichtsreicherer"* Kandidat   *"more promising"*
für die nächste Katastrophe erscheint als San Franzisko.

   Kaliforniens Subkultur lebt schon lange mit und manchmal auch von
der Erdbebenangst. Erdbebenposters und psychedelisch *verzierte*   decorated
Erdbebenkissen, die dem *erdbebengeschüttelten* Schläfer Überleben   shaken by an earthquake
verheißen, gehören zur Lokalfolklore. Manchmal *schwappt* die Erdbeben-   to promise / to spill
angst bis in die *Sprechzimmer* der Psychiater *über*. Eine Organisation,   office
die sich „Fellowship of the Ancient Mind" nennt, hat bei den Behörden
von Los Angeles allen Ernstes um die Erlaubnis *nachgesucht*, aus den   to ask
Trümmern der dann zumal zerstörten Megalopole die Kunstwerke zu
bergen. Archäologie nach der Apokalypse . . .   to salvage

   Der Großteil der Bevölkerung *nimmt* die Erdbebendrohung *gelassen*   to accept calmly
hin — für den Geschmack der Planer allzu gelassen.

Inhaltsfragen

1. Was macht das Leben der Kalifornier gefährlich?
2. Was ist sicher, und was ist fraglich?
3. Was sagen die Seismologen über Los Angeles?
4. Was gehört zur Lokalfolklore?
5. Mit welchem Anliegen hat sich die „Fellowship of the Ancient
   Mind" an die Behörden von Los Angeles gewandt?
6. Wie stellt sich der Großteil der Bevölkerung zur Erdbebendrohung?

Schriftliches

A. Vervollständigen Sie bitte die folgenden Übungssätze. (Key p. 163)

1. Die San-Andreas-Bruch-Zone durchzieht den . . . . .
2. Die Experten versichern, daß ein Großbeben . . . . .
3. Die Stadt Los Angeles gilt als . . . . .
4. Kaliforniens Subkultur macht schon lange ein Geschäft . . . . .
5. Die Organisation „Fellowship of the Ancient Mind" hat bei den
   Behörden von Los Angeles um die Erlaubnis gebeten, ...
6. Nach Meinung der Planer steht der Großteil der Bevölkerung . . . . .

B.
1. Geben Sie eine kurze Inhaltsangabe des Artikels.
2. Wählen Sie fünf der am Rande übersetzten Wörter und Redewendungen, und verwenden Sie dieselben jeweils in einem neuen Satz.

Strom verbindet.
Strom darf
nicht knapp werden,

weil wir immer mehr Strom brauchen.

Tausende von Kilometern werden in Bruchteilen von Sekunden überbrückt, um Bilder, Worte und Wissen zu vermitteln. Wir wählen in Stuttgart und sprechen mit Hamburg. Wir drücken auf den Knopf und sehen Ereignisse in Tokio oder die Männer auf dem Mond.

Unser Geschäftspartner in New York liest, was wir zur gleichen Zeit in Berlin schreiben.

Aber Strom ist mehr, kann mehr, nützt mehr:

Strom schafft eine bessere Umwelt.

Wenn unsere Luft wieder sauber werden soll, müssen wir — wo immer es geht — Strom einsetzen. Immer mehr Strom. Im Verkehr, in den Haushalten, in der Industrie. Denn Strom arbeitet absolut sauber, abgasfrei, staubfrei, rauchfrei.

Weil Strom vielseitig verwendbar ist, deshalb hat sich bisher unser Stromverbrauch alle 10 Jahre verdoppelt. Das wird auch in den nächsten 10 Jahren so bleiben.

Woher aber mehr Strom nehmen?

Wir brauchen mehr Kohle-, Öl-, Gas-, Wasser- und Kernkraftwerke. Wir müssen neue Hochspannungsleitungen bauen, Umspannwerke und Trafostationen errichten. Und mehr Kabel verlegen.

Nur so können die Elektrizitätswerke ihre Versorgungspflicht erfüllen. Die Pflicht nämlich, Ihnen auch morgen noch genügend Strom zu liefern. Damit Sie weiterhin durch Knopfdruck um die Welt sehen können.

deshalb brauchen
wir mehr Kraftwerke
und Leitungen.

Rettende Kohle

DER SPIEGEL

Wer einen *Knollenblätterpilz verzehrt*, kann an akutem *Leber-versagen* sterben. Letzte Rettung : Reinigung des Blutes durch eine künstliche Leber.

> poisonous mushroom of the *Amanita* family / to consume / liver failure

Mit einer schweren Gelbsucht (Hepatitis) wurde der 26jährige Priester am Mittwoch letzter Woche ins Londoner Kings College Hospital eingeliefert. Nach *bisherigen* Medizinstandards war seine Überlebens-chance *annähernd* Null — die Ärzte hatten *konstatiert:* akutes Leber-versagen. Die Londoner Kliniker aber rollten den Kranken in eine Spezial-abteilung des Krankenhauses und *schlossen* ihn an eine Maschine *an,* die es nur in diesem Raum gibt. *Filterkohle* in dieser Maschine — auch *Kunstleber* genannt — wäscht *Giftstoffe* aus dem Blut heraus. Am Freitag letzter Woche, so die Auskunft vom Hospital, erwachte der Patient zum ersten Mal aus dem Koma.

> recent
>
> approximately / to diagnose
>
> to connect to
>
> charcoal filter
>
> artificial liver / toxins

Inhaltsfragen

1. Was passiert, wenn man einen Knollenblätterpilz verzehrt?
2. Womit wurde der englische Priester ins Kings College Hospital eingeliefert?
3. Wie war seine Überlebenschance aufgrund der bisherigen medi-zinischen Erfahrungen?
4. Wohin wurde der Kranke im Krankenhaus gerollt?
5. Und woran wurde er angeschlossen?
6. Was macht die „Kunstleber"?
7. Was geschah am Freitag letzter Woche?

Schriftliches

A. Vervollständigen Sie bitte die folgenden Übungssätze. (Key p. 163)

1. Akutes Leberversagen kann die Folge sein, wenn . . . . .
2. Der junge Priester litt an einer schweren Gelbsucht und mußte . . . . .
3. Die Ärzte konstatierten akutes Leberversagen und gaben dem Patienten so gut wie . . . . .

4. Der Kranke wurde in einer Spezialabteilung des Krankenhauses
. . . . .
5. Die Kunstleber ist imstande, mit Hilfe von Filterkohle . . . . .
6. Das Krankenhaus gab die Auskunft, daß der Patient am Freitag
letzter Woche . . . . .
B.
1. Geben Sie eine kurze Inhaltsangabe des Artikels.
2. Wählen Sie fünf der am Rande übersetzten Wörter und Redewendungen, und verwenden Sie dieselben jeweils in einem neuen Satz.

Krampf gelöst

DER SPIEGEL

Schwere Fälle von Epilepsie behandelt ein amerikanischer
Neurochirurg mit einem kühnen *Eingriff:* Er pflanzt einen *Schritt-*
macher ins *Kleinhirn.*

operation / pacemaker
cerebellum

„*Grummelnd* und *ächzend*", so beschrieb es ein Augenzeuge, arbeitete
sich der Chirurg mit dem Skalpell durch das *Gewebe* vor. Zielgebiet des
chirurgischen Eingriffs war das Kleinhirn des Patienten.

Sodann pflanzte der Arzt in die knapp *eigroße* Region im Hinterkopf
zwei Paar Elektroden. Zwei *Drähte*, unter die Haut *verlegt*, verbanden
sie mit einem *Empfänger*, der in die *Brustmuskulatur* implantiert
wurde. Das waren die wichtigsten Bauelemente für eine Art „*Gehirn-*
schrittmacher", den der New Yorker Neurochirurg Irving S. Cooper
entwickelt hat und seit Beginn dieses Jahres erprobt: als letzte — vorerst
noch experimentelle — Chance, Kranke mit schwerer Epilepsie von
ihren Symptomen zu befreien.

to moan / to groan
tissue
surgical
egg-size
wires / to arrange
receiver / pectoral muscular
system
brain pacemaker

Inhaltsfragen

1. Welche Krankheit behandelt der amerikanische Neurochirurg mit
einem kühnen Eingriff?
2. Was pflanzt er ins Kleinhirn ein?
3. Was pflanzte der Arzt in die Brustmuskulatur?
4. Was verbindet die Elektroden mit dem implantierten Empfänger?
5. Was erprobt der New Yorker Neurochirurg Irving S. Cooper seit
Beginn dieses Jahres?

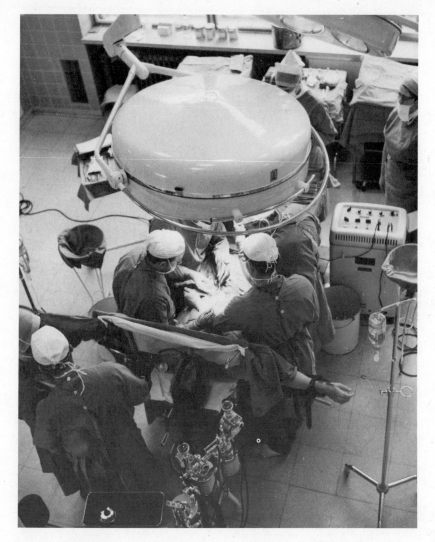

Schriftliches

A. Vervollständigen Sie bitte die folgenden Übungssätze. (Key p. 164)

1. Mit einem kühnen Eingriff behandelt . . . . .
2. Ein Schrittmacher wird . . . . .
3. Der Augenzeuge beschrieb, wie . . . . .
4. In die Brustmuskulatur wurde . . . . .
5. Seit Beginn dieses Jahres erprobt . . . . .
6. Diese Operation gilt als . . . . .

B.

1. Geben Sie eine kurze Inhaltsangabe des Artikels.
2. Verwenden Sie fünf der am Rande übersetzten Wörter und Rede-
    wendungen, und verwenden Sie dieselben jeweils in einem neuen
    Satz.

Hausfrau bekam für ihr Hobby 25 Millionen Mark

Sie fand das reichste Uranfeld der Welt

QUICK

Sie hatten ihre kleine Farm verkauft und sich in der Stadt Adelaide in Australien zur Ruhe gesetzt, der *Tierzüchter* George Stevens und seine Frau Gwendolyn. Aber lange hielt es die ehemalige Krankenschwester Gwendolyn (58) ohne Arbeit nicht aus. Sie ging auf die Suche nach *Bodenschätzen* — und fand die reichsten *Uranfelder* der Welt. Uran im Wert von rund *zweieinhalb Milliarden* Mark.

„Kaum wurde die Geschichte bekannt, *war bei mir der Teufel los*, war es mit dem ruhigen Familienleben vorbei", berichtete Gwendolyn. „Tag und Nacht klingelte das Telefon. Es waren Bettler am Apparat. Und Leute, die mir alles Mögliche verkaufen wollten. Am *aufdringlichsten* aber waren die, die jetzt selber auf die Suche nach Uran gehen wollten und mich um *Ratschläge* baten. Ich konnte ihnen nicht helfen, denn ich verstehe doch von Geologie und Mineralogie auch nicht recht viel. Ich hatte einfach Glück."

animal breeder

mineral resources / uranium fields
2.5 billion
"all hell broke loose"

obtrusive (pushy)

advice

Inhaltsfragen

1. Was verkauften der Tierzüchter und seine Frau?
2. Warum zogen sie in die Stadt Adelaide?
3. Warum ging Gwendolyn auf Suche nach Bodenschätzen?
4. Was war Gwendolyn Stevens Entdeckung in Mark wert?
5. Was geschah, sobald die Geschichte an die Öffentlichkeit drang?
6. Welche Leute waren am aufdringlichsten?
7. Verstand Gwendolyn Stevens etwas von Geologie und Mineralogie?

Schriftliches

A. Vervollständigen Sie bitte die folgenden Übungssätze. (Key p. 164)

1. Der Tierzüchter George Stevens und seine Frau Gwendolyn wollten . . . . .

2. Weil sie es ohne Arbeit nicht aushielt, ging . . . . .

3. Auf ihrer Suche nach Bodenschätzen fand Gwendolyn Stevens . . . . .

4. „Mit dem ruhigen Familienleben war es vorbei," sagt Gwendolyn
   Stevens, ...
5. Leute versuchten Tag und Nacht, sie anzurufen und ihr . . . . .
6. Leute, die selbst auf die Suche nach Uran gehen wollten, ...

B.
1. Geben Sie eine kurze Inhaltsangabe des Artikels.
2. Wählen Sie fünf der am Rande übersetzten Wörter und Redewendungen, und verwenden Sie dieselben jeweils in einem neuen Satz.

Vorsicht in Apotheken

Medikamente im Urlaub

DIE ZEIT

Was tun, wenn sich auf der Reise im Ausland eine *Unpäßlichkeit*   indisposition
einstellt? In die nächste Apotheke gehen und Pillen gegen Fieber,
Schnupfen, Kopf- oder Bauchweh kaufen? In vielen Ländern wäre dies
äußerst *leichtfertig*. Und *zu* diesen Ländern *zählt* auch die Bundesre-   risky / to belong to
publik.
  Wenn ein Tourist unter Durchfall leidet, so mag er vom Apotheker die
hier nicht *verschreibungspflichtige* Arzneispezialität Enterio-Vioform   requiring a prescription
(zum Beispiel „Mexaform") empfohlen bekommen, ein Mittel, mit dem
sich der Reisende unter Umständen ein Nerven- oder Augenleiden
einhandeln kann.   to contract
  Zu den bekannten Warnungen vor unabgekochtem Wasser oder
ungewaschenem Obst in manchen *Entwicklungsländern* muß heute   developing countries
offenbar auch *zur Vorsicht* in Apotheken *gemahnt* werden, und *in*   to caution / in this respect
dieser Hinsicht scheint, jedenfalls unter amerikanischen Ärzten, auch
die Bundesrepublik zu den *unterentwickelten* Ländern zu gehören.   developing (underdeveloped)

Inhaltsfragen

1. Welches nicht verschreibungspflichtige Arzneimittel kann ein
   Apotheker gegen Durchfall empfehlen?
2. Welche Folgen kann es hervorrufen?
3. Was kann man tun, wenn man auf der Reise im Ausland unpäßlich
   wird?
4. Wovor sollte man sich in manchen Entwicklungsländern in acht
   nehmen?
5. In welcher Hinsicht rechnen amerikanische Ärzte die Bundesrepublik
   zu den unterentwickelten Ländern?

Schriftliches

A. Vervollständigen Sie bitte die folgenden Übungssätze. (Key p. 160)

1. Man kann auf Reisen im Ausland . . . . .
2. In vielen Ländern wäre es leichtsinnig, in der nächsten Apotheke
   . . . . .
3. In der Bundesrepublik kann man das Arzneimittel Enterio-Vioform
   . . . . .
4. Enterio-Vioform ist ein Arzneimittel, das . . . . .
5. In manchen Entwicklungsländern muß auch . . . . .
6. Nach Ansicht mancher amerikanischer Ärzte scheint auch die
   Bundesrepublik zu den Ländern zu gehören, ...

B.

1. Geben Sie eine kurze Inhaltsangabe des Artikels.
2. Wählen Sie fünf der am Rande übersetzten Wörter und Redewendungen, und verwenden Sie dieselben jeweils in einem neuen Satz.

„Keine Sorge — bei mir schläft jeder"

Behandlung von Schlafstörungen in einer US-Spezialklinik

DER SPIEGEL

Schlaf- und *Beruhigungsmittel* sind auch in der Bundesrepublik Bestseller auf dem Arzneimittelmarkt. Jeder fünfte Patient in der Sprechstunde westdeutscher Ärzte klagt über Schlaflosigkeit. Erste *Ansätze* zu wirklicher Behandlung chronischer Schlafstörungen werden nun in sogenannten Schlafkliniken unternommen, von denen es allerdings auch in den USA erst drei gibt. Eine davon besuchte die amerikanische Wissenschaftsjournalistin Maggie Scarf. Ihrem Bericht im „New York Times Magazine" sind die folgenden *Auszüge* entnommen :

    tranquilizer

    approaches

    excerpts

Es war *23.15 Uhr*. Je eine Elektrode war schon hinter den Ohren der Patientin befestigt, eine über jedem Auge, zwei an ihrem Kinn und drei an der Stirn. Die neun Elektroden sollten die *Muskelspannung* messen, eine weitere Elektrode am rechten Nasenloch die *Atemfrequenz* registrieren.

    11:15 P.M.

    muscle tension
    breathing frequency

    Nun *brachte* Dr. Peter Hauri, der Leiter des Dartmouth Sleep Laboratory in Hanover (US-Staat New Hampshire), zwei weitere elektronische *Fühler* am Kopf der Patientin *an*, unmittelbar über dem *Scheitellappen* des Gehirns — zur Aufzeichnung der *Gehirnströme*.

    to attach

    contacts / directly / parietal
    lobe
    brain impulses

    Die Frau sagte ängstlich : „Wissen Sie, ich habe normalerweise schon schreckliche Schwierigkeiten einzuschlafen. Wie ich aber mit all diesen *Drähten* am Kopf jemals einschlafen soll, weiß ich beim besten Willen nicht."

    wires

    „Keine Sorge", sagte Dr. Hauri freundlich, „auch Sie werden schließ lich einschlafen. Hier in meinem Labor schläft jeder ein."

Inhaltsfragen

1. Was sind Bestseller auf dem deutschen Arzneimittelmarkt ?
2. Was besuchte die amerikanische Wissenschaftsjournalistin?
3. An welchen Stellen wurden die Elektroden befestigt ?
4. Was sollten die insgesamt zehn Elektroden messen ?
5. Wo wurden die elektronischen Fühler angebracht, die die Gehirnströme aufzeichnen sollten ?
6. Was sagte die Frau ängstlich ?
7. Was versicherte Dr. Hauri der Patientin freundlich ?

Schriftliches

A. Vervollständigen Sie bitte die folgenden Übungssätze. (Key p. 164)

1. Auf dem deutschen Arzneimittelmarkt . . . . .
2. In der Sprechstunde deutscher Ärzte . . . . .
3. Auch in den USA gibt es . . . . .
4. Die Muskelspannung der Patientin sollte . . . . .
5. Unmittelbar über dem Scheitellappen des Gehirns . . . . .
6. Die Frau hatte schreckliche . . . . .
7. Dr. Hauri versicherte ihr freundlich, daß . . . . .

B.

1. Geben Sie eine kurze Inhaltsangabe des Artikels.
2. Verwenden Sie fünf der am Rande übersetzten Wörter und Rede-wendungen, und verwenden Sie dieselben jeweils in einem neuen Satz.

Diskussionsthemen

Bereiten Sie sich auf Klassendiskussionen über folgende Themen vor:

1. Finden Sie, daß genug getan wird, um Mißstände in der Natur zu beheben?
2. Glauben Sie, daß genug getan wird, Alternativen zu unseren gegenwärtigen Energiequellen zu schaffen? Wissen Sie von Projekten dieser Art?
3. Glauben Sie, daß die Energiekrise auch eine gute Seite hat?
4. Viele finden es unerträglich, mit dem ständigen Gedanken an Erdbebengefahr leben zu müssen. Für viele Kalifornier jedoch ist die Möglichkeit eines Erdbebens nicht beängstigender als die von anderen Naturkatastrophen für die Bewohner in anderen Gebïeten. Wie stehen Sie dazu?
5. Verläßt die moderne Medizin sich zu sehr auf Medikamente und chirurgische Eingriffe anstatt auf natürliche Heilmittel und Heil-prozesse?

Humor

QUICK

,,Warum gehst du denn nicht zur Beerdigung deines Freundes Fritz?"
,,Warum sollte ich, er wird ja auch nicht zu meiner kommen!"

,,Arbeiten Sie auch schmerzlos?" fragt der ängstliche Patient den Zahnarzt.
,,Ja", antwortet der Zahnarzt.
,,Immer?"
,,Ehrlich gesagt, nein. Zweimal schon bin ich beim Bohren ausgerutscht und
habe mir das Bein verstaucht."

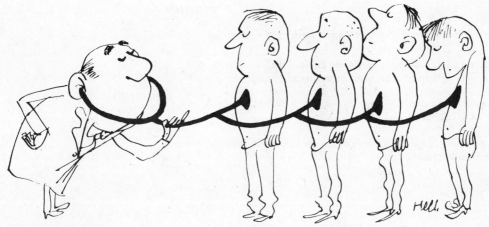

Der Überbeschäftigte

DIE ZEIT

Der Tünnes trifft in Köln den Schäl, der eilig an ihm vorüberrennt.
„Wo willst du denn hin?"
„In den Stadtwald!"
„Und was willst du da?"
„Da steht die einzige Bank, auf die man sich noch verlassen kann."

Ein sehr beleibter Gast antwortet auf die Frage, ob er satt sei: „Das Wort kenne ich nicht; entweder hab' ich Hunger, oder mir ist übel."

Die Gastgeberin fragt ihre Freundin: „Immer, wenn dein Mann bei uns zum Essen ist, leckt er seinen Teller ab. Ist er nun sparsam und sauber oder nur gefräßig?"

ii Gesellschaft im Wandel

2-B

Wahlplakate der letzten Bundestagswahl

Westdeutschland erlebte im November 1972 die spannendsten Bundestagswahlen (2-A) seiner Geschichte. Der Wahlkampf stand im Zeichen der *sogenannten Ostpolitik* (so called policy toward the East European countries), die der damalige Bundeskanzler Willy Brandt durch eine Normalisierung des Verhältnisses zur Sowjetunion und zu anderen kommunistischen Ländern eingeleitet hatte. Die konservative Opposition, die aus der Christlichdemokratischen Union (CDU) und der bayerischen Christlichsozialen Union (CSU) bestand, hatte diese Initiativen stets kritisch beurteilt. Sie *malte während des Wahlkampfes das Gespenst des Sozialismus an die Wand* (they raised the

2-C

2-D

2-E

2-F

2-G

spectre of a socialist takeover in their campaign slogans).

Die Sozialdemokratische Partei (SPD) stellte im Wahlkampf Willy Brandt stark heraus (2-C), der im November 1973 auf einem Höhepunkt seiner Popularität war. ,,Willy Brandt muß Kanzler bleiben'', hieß es in der Plakatwerbung.

Die CDU unter der Führung Rainer Barzels (2-B) wollte den Wähler davon überzeugen, daß er sich unter einer SPD Regierung weder politisch noch wirtschaftlich sicher fühlen konnte. Ihr Wahlspruch lautete deshalb: ,,Wir bauen den Fortschritt auf Stabilität'' (2-D).

Die liberale Freie Demokratische Partei (FDP), der kleine Koalitionspartner der Sozialdemokraten Brandts, *präsentierte sich* (presented itself) als Partei des Ausgleichs. ,,Laßt Vernunft walten'', war der Appell der FDP (2-F). Sie zeigte auch immer ihren fotogenen Vorsitzenden Walter Scheel in Großaufnahme. Walter Scheel war

— wie Willy Brandt — ein populärer Parteipolitiker.

Der Wahlkampf hatte humorvolle Seiten. Die CDU, wegen ihrer engen Kontakte zur katholischen Kirche oft als ,,schwarz'' bezeichnet, verkündete auf Plakaten: ,,Black is beautiful'' (2-E). Auf der anderen Seite gab es eine anonyme Anzeigenkampagne rechtsgerichteter Geschäftsleute, die in der SPD eine Interessengruppe Moskaus sahen. Organisationen, die der SPD und der FDP nahestanden, versuchten dann ihrerseits der Öffentlichkeit zu *erklären,* wer diese Anzeigenkampagne finanziert hatte (2-G).

Willy Brandt und die SPD haben die Wahlen eindrucksvoll gewonnen. Heute sind jedoch Brandt, Scheel und Barzel nicht mehr in ihren ursprünglichen Ämtern. Barzel trat freiwillig zurück, Scheel wurde Bundespräsident, Brandt hat die Regierungsführung aufgegeben, blieb jedoch Vorsitzender der Sozialdemokraten. ∎

Inhaltsfragen

1. Wann erlebte Westdeutschland die spannendsten Bundestagswahlen seiner Geschichte?
2. Wer war damals der Bundeskanzler Westdeutschlands?
3. Welche Parteien bildeten die konservative Opposition?
4. Wen stellte die SPD im Wahlkampf stark heraus?
5. Wer war der CDU-Führer?
6. Was war der CDU-Wahlspruch?
7. Wie lautete der FDP-Wahlspruch?

Diskussionsthemen

1. Unterschiede zwischen den Wahlprogrammen der CDU und der SPD.
2. Nuancen im Stil der Wahlplakate der CDU, SPD und FDP.
3. Ergebnisse des Wahlkampfes von 1972.

Aufsatzthemen

Schreiben Sie einen kurzen Aufsatz über eines der folgenden Themen:

1. Welches Thema stand im Mittelpunkt der Bundestagswahlen von 1972?
2. Was waren Ihrer Meinung nach die Unterschiede zwischen den Wahlparolen der SPD, FDP und CDU?
3. Glauben Sie, daß eine Möglichkeit besteht, Deutschland wieder zu vereinigen?

Unfallversicherung für Schüler und Studenten

SCALA INTERNATIONAL

Am 20. Januar 1971 beschloß der *Bundestag*, alle Kinder in Kindergärten sowie alle Schüler und Studenten in die gesetzliche *Unfallversicherung einzubeziehen*. Außerdem wurden für diesen Personenkreis *umfangreiche Rehabilitationshilfen* nach Unfällen *beschlossen*. Die Regelung trat zum 1. 4. 1971 in Kraft. Seitdem *kommt* die Unfallversicherung *für* alle *Schäden auf*, die Jugendliche bei Unfällen während ihrer Ausbildung erleiden. Die Kosten *übernehmen* Länder und Gemeinden.

Lower House
accident insurance
to include / extensive
assistance for physical
rehabilitation / to decide
to pay for the damages
to be assumed by

Inhaltsfragen

1. Was wurde am 20. Januar 1971 vom Bundestag beschlossen?
2. Was wurde außerdem für diesen Personenkreis beschlossen?
3. Wann trat diese Regelung in Kraft?

4. Für welche Schäden kommt die Unfallversicherung seitdem auf?
5. Welche Kosten werden von Ländern und Gemeinden übernommen?

Schriftliches

A. Vervollständigen Sie bitte die folgenden Übungssätze. (Key p. 164)
1. Einem Bundestagsbeschluß vom 20. Januar 1971 zufolge wurden....
2. Umfangreiche Rehabilitationshilfen nach . . . . .
3. Am 1. April 1971 trat . . . . .
4. Für alle Schäden, die Jugendliche bei Unfällen während . . . . .
5. Die Kosten für diese Unfallversicherung werden von . . . . .

B.
1. Geben Sie eine kurze Inhaltsangabe des Artikels.
2. Wählen Sie fünf der am Rande übersetzten Wörter und Redewendungen, und verwenden Sie dieselben jeweils in einem neuen Satz.

Wie Indianer

DER SPIEGEL

Immer mehr US-Firmen kehren zur mittelalterlichen Form des Wirtschaftslebens zurück: zum *Tauschhandel*. — barter

Norman Cousins, *Verleger* aus San Francisco, war in *Verlegenheit*. Er brauchte *dringend* Papier, um sein Wochenmagazin „Saturday Review World" *termingerecht* drucken zu können. Denn die alten *Papierlieferanten* des Verlegers hatten die *Zusammenarbeit aufgekündigt*. — publisher / trouble; urgently; on time / suppliers of paper; co-operation / to cancel

Nach langem Suchen fand der Magazin-Besitzer doch noch einen *geneigten* Produzenten. Doch dieser stellte harte Bedingungen: Papier, so ließ er Cousins wissen, sei nur *verfügbar*, wenn der Verlag dafür Propangas liefere. In seiner *Bedrängnis* ging der Zeitungsmann sogleich darauf ein. Er kaufte Riesenmengen an Gas und tauschte es gegen Papier. — willing; available; distress

Derlei Geschäfte sind in den USA *mittlerweile* alltäglich. Inflation, Energiekrise und vor allem *Knappheit* an *Rohstoffen* lassen eine Form des Handels wiedererstehen, wie er einst im Europa des Mittelalters oder bei den Indianern Amerikas *üblich* war: den Tausch von Ware gegen Ware. — meanwhile; shortage / raw materials; customary

Inhaltsfragen

1. Warum war der Verleger Norman Cousins in Verlegenheit?
2. Was ist Tauschhandel?
3. Wer stellte harte Bedingungen?
4. Wofür sollte Propangas geliefert werden?
5. Auf was ging Norman Cousins gleich ein?
6. Was soll wieder alltäglich werden?
7. Welche Gründe werden für das Wiederaufleben des Tauschhandels genannt?

Schriftliches

A. Vervollständigen Sie bitte die folgenden Übungssätze. (Key p. 165)

1. Die mittelalterliche Form des Wirtschaftslebens, der Tauschhandel, wird . . . . .
2. Um seine Wochenzeitschrift termingerecht drucken zu können, ...
3. Endlich fand der Verleger . . . . .
4. Der Papierlieferant ließ dem Verleger mitteilen, daß . . . . .
5. Im Austausch gegen Gas bekam . . . . .
6. Tauschgeschäfte sind mittlerweile in . . . . .
7. Der Tausch von Ware gegen Ware war . . . . .

B.

1. Geben Sie eine kurze Inhaltsangabe des Artikels.
2. Wählen Sie fünf der am Rande übersetzten Wörter und Redewendungen, und verwenden Sie dieselben jeweils in einem neuen Satz.

Viele Meinungen zur Vermögensbildung

SCALA INTERNATIONAL

Immer wieder leidenschaftlich diskutiert, besonders auf *Parteitagen*, wird die Frage, wie die Arbeitnehmer am wachsenden Kapital der Wirtschaft teilhaben können. Ein kleiner Schritt auf diesem Wege blieb bisher die *steuerfreie Sparzulage*. Das Bundesarbeitsministerium hatte schon 1971 einen Gesetzentwurf vorgelegt, der eine umfassende Regelung *vorsah*. Danach sollen die Arbeitnehmer in bestimmten *Einkommensgrenzen*

political conventions

tax exempt allowance
to stipulate
income brackets

berechtigt sein, Beteiligungspapiere am Gewinn oder am *Produktivver-mögen* ihres Betriebes zu kaufen. Vermögensbildung ist auch eine Frage der künftigen Wirtschaftsverfassung. Die Meinungen gehen deshalb noch weit auseinander.

production capacity

Inhaltsfragen

1. Was wird auf Parteitagen immer wieder leidenschaftlich diskutiert?
2. Woran sollen die Arbeitnehmer teilhaben können?
3. Welche Maßnahme ist ein kleiner Schritt in diese Richtung?
4. In welchem Dokument wurde bereits eine umfassende Regelung vorgesehen?
5. Wozu sollen die Arbeitnehmer berechtigt sein?
6. Womit befaßt sich unter anderem auch die künftige Wirtschafts-verfassung?

Schriftliches

A. Vervollständigen Sie bitte die folgenden Übungssätze. (Key p. 165)

1. Die Frage, wie die Arbeitnehmer am . . . . .
2. Die steuerfreie Sparzulage blieb . . . . .
3. In einem Gesetzentwurf, das 'das Bundesarbeitsministerium 1971 vorlegte, wurde . . . . .
4. Aufgrund dieses Gesetzentwurfs sollen . . . . .
5. Die künftige Wirtschaftsverfassung befaßt sich ebenfalls mit . . . . .

B.

1. Geben Sie eine kurze Inhaltsangabe des Artikels.
2. Wählen Sie fünf der am Rande übersetzten Wörter und Redewendungen, und verwenden Sie dieselben jeweils in einem neuen Satz.

Suche nach besseren Wegen

SCALA INTERNATIONAL

Die Reformen, die im *Bereich* des Rechts *eingeleitet* wurden, *haben alte Zöpfe abgeschnitten.* Ob es die *Abschaffung* der *Zuchthausstrafe* war oder die Liberalisierung des Sexualstrafrechts, die *Anpassung* des Demonstrationsstrafrechts an die Gegenwart oder die Familienrechts-reform — alle diese Maßnahmen dienten der Würde des Menschen und der *Einschränkung* der *Allgewalt* des Staates. In welchem Geist die Reformen weitergeführt werden zeigt das *Strafvollzugsgesetz*, das die Bundesregierung in diesem Jahr dem Parlament *zuleitete.* Danach soll der Häftling künftig so behandelt werden, daß er später wieder ein Leben ohne Straftaten führen kann. Arbeit, Ausgang und Urlaub zielen darauf ab — ein Strafsystem ohne *Vergeltungsabsicht.*

> area / to initiate / to do away with antiquated usages
> abolishment / penalty of hard labor
> adaptation
>
> restriction / omnipotence
> penal code
> to submit
>
> intention of revenge

Inhaltsfragen

1. Welche Reformen haben alte Zöpfe abgeschnitten?
2. Welche Strafe wurde abgeschafft?
3. In welchen anderen Strafrechtsbereichen wurde eine Liberalisierung und Anpassung vorgenommen?
4. Wem dienten diese Maßnahmen, und was schränkten sie ein?

5. Was hat das Strafvollzugsgesetz zum Inhalt, das die Bundesregierung in diesem Jahr dem Parlament zuleitete?
6. Was soll dem Strafsystem der Zukunft fehlen?

Schriftliches

A. Vervollständigen Sie bitte die folgenden Übungssätze. (Key p. 165)
1. Durch die Reformen im Bereich des Rechts wurden . . . . .
2. Das Demonstrationsstrafrecht wurde an . . . . .
3. Auch das Sexualstrafrecht wurde . . . . .
4. Mit all diesen Maßnahmen wurde die Würde des Menschen
gefördert und die . . . . .
5. Die Bundesregierung leitete in diesem Jahr dem Parlament das neue
Strafvollzugsgesetz zu, das den Geist der eingeleiteten Reformen
. . . . .
6. Häftlinge sollen künftig so behandelt werden, daß sie . . . . .

B.
1. Geben Sie eine kurze Inhaltsangabe des Artikels.
2. Wählen Sie fünf der am Rande übersetzten Wörter und Redewendungen, und verwenden Sie dieselben jeweils in einem neuen Satz.

Häftling bei der Arbeit

Gesellschaft im Wandel

SCALA INTERNATIONAL

Für den ausländischen Beobachter waren die Deutschen auch nach
dem zweiten Weltkrieg häufig noch besonders disziplinierte, ordnungsliebende und autoritätsgläubige Menschen. Und *tatsächlich* führte die **indeed**
große *Ernüchterung* nach 1945 zunächst zu einer Rückkehr zu tra- **disenchantment**
ditionellen gesellschaftlichen Strukturen. Familiäre und *konfessionelle* **religious**
Bindungen spielten eine ebenso auffallende Rolle wie die alten Bildungssysteme. Aber heute sind die Soziologen sich darüber einig, daß
der rasche *Aufschwung* von Wirtschaft und Industrie die soziale **boom**
Entwicklung in Westdeutschland bald in eine neue Richtung lenkte.
Zwei Begriffe wurden dafür kennzeichnend: Mobilität und Individualität.

Die guten *Aussichten* in der Arbeitswelt *förderten* bei vielen den Wunsch nach mehr Bildung und schnellerem beruflichen *Aufstieg*. Das Glück des einzelnen erhielt zentrale Bedeutung. Der Autorität wurde immer weniger *Respekt bezeugt*. Als der gegenwärtige Bundeskanzler 1969 sein Amt antrat, forderte er den Bürger, der kritisch mitdenkt, mitentscheidet und *mitverantwortet*.

prospects / to increase
career advancement

to pay respect
to share the burden of responsibility

Inhaltsfragen

1. Wie wurden die Deutschen häufig vom ausländischen Beobachter auch nach dem zweiten Weltkrieg noch gesehen?
2. Wohin führte die große Ernüchterung nach 1945?
3. Was spielte eine ebenso auffallende Rolle wie die alten Bildungssysteme?
4. Worüber sind sich Soziologen heute einig?
5. Welche Begriffe sind kennzeichnend für die neue Richtung der sozialen Entwicklung in Westdeutschland?
6. Wodurch wurde der Wunsch von vielen nach mehr Bildung und schnellerem beruflichen Aufstieg gefördert?
7. Was erhielt zentrale Bedeutung?
8. Was forderte der Bundeskanzler bei seinem Amtsantritt 1969?

Schriftliches

A. Vervollständigen Sie bitte die folgenden Übungssätze. (Key p. 165)

1. Auch nach dem zweiten Weltkrieg waren die Deutschen . . . . .
2. Die große Ernüchterung nach 1945 führte vorerst . . . . .
3. Alte Bildungssyteme spielten eine . . . . .
4. Der rasche Aufschwung von Wirtschaft und Industrie hat . . . . .
5. Mobilität und Individualität wurden . . . . .
6. Der Wunsch vieler nach mehr Bildung und . . . . .
7. Immer weniger Respekt . . . . .
8. Der kritisch mitdenkende, mitentscheidende und . . . . .

B.

1. Geben Sie eine kurze Inhaltsangabe des Artikels.
2. Wählen Sie fünf der am Rande übersetzten Wörter und Redewendungen, und verwenden Sie dieselben jeweils in einem neuen Satz.

100445301111 — Das Schlimmste von King Kong

SPIEGEL-Report über Personenkennzeichen und Datenschutz

DER SPIEGEL

Eine Nummer für jeden Bundesbürger — das *sieht* ein neues Meldegesetz *vor*, das am 29. November im Bonner Parlament beraten werden
soll. *Abgeordnete* fürchten, daß das zwölfstellige *Einwohner-Kennzeichen* als *Nachschlüssel* zur Privatsphäre der Bürger mißbraucht wird :
Die Nummer erleichtert den Zugang zu persönlichen Informationen in
den Computern von Staat und Wirtschaft — auf Knopfdruck könnten
Angaben über Intelligenz und *Gesinnung*, Einkünfte und Sexualverhalten
aller Bürger *abgerufen* werden. Droht eine Dossier-Diktatur ?

to provide

representatives / resident
identification number
master-key

opinions, views
to retrieve

Computer-Hersteller *künden vom* Paradies auf Erden mit „blauem   to speak of, to announce
Himmel, reinem Wasser und grünen Städten". *Eitel Glück* winkt laut   total bliss
Univac dem, der Univac-Anlagen nutzt — „damit viele besser leben
können".

Rettung aus Umweltschmutz und Unwissenheit, Erlösung von
Armut und Angst *verheißt* IBM seiner *Kundschaft.* Der Elektronik-   to promise / clientele
Gigant verspricht, „das Leben lebenswerter und die Umwelt mensch-
licher" zu machen — „Computer helfen denen, die helfen".

Heute schon *summen* in Westdeutschland rund 15 000 der elek-   to hum
tronischen *Heilsbringer* — nirgendwo in der Welt, außer in den USA,   saviors
gibt es mehr; allein in Bayern stehen mehr Computer als in ganz Afrika.

Inhaltsfragen

1. Was sieht das neue Meldegesetz vor, das am 29. November im
   Bonner Parlament beraten werden soll?
2. Was fürchten einige Abgeordnete?
3. Wovon künden Computer-Hersteller?
4. Was verheißt IBM seiner Kundschaft?
5. Wie lauten einige der Versprechungen, die der Elektronik-Gigant
   seinen Kunden macht?
6. Wie viele elektronische Heilsbringer summen in Westdeutschland?

Schriftliches

A. Vervollständigen Sie bitte die folgenden Übungssätze. (Key p. 166)

1. Jeder Bundesbürger soll in Zukunft . . . . .
2. Manche fürchten, daß . . . . .
3. Persönliche Information über . . . . .
4. Das Paradies auf Erden wird . . . . .
5. Der Kundschaft der neuen IBM-Computer wird . . . . .
6. In Westdeutschland gibt es schon . . . . .
7. Bayern hat . . . . .

B.

1. Geben Sie eine kurze Inhaltsangabe des Artikels.
2. Wählen Sie fünf der am Rande übersetzten Wörter und Redewendungen und verwenden Sie dieselben jeweils in einem neuen Satz.

Klassenloses Krankenhaus

SCALA INTERNATIONAL

Als erstes Bundesland führte Hessen am 29.3.1973 die völlige *Gleich-* equal treatment
behandlung aller Krankenhauspatienten ein. Dabei wurde erstmals das
Recht eines jeden Bürgers auf Krankenhaus-Aufnahme gesetzlich *fixiert*. to determine
Ein *Abbau* der Unterschiede zwischen den einzelnen *Pflegeklassen* (in gradual reduction /
der Regel drei) soll dadurch erreicht werden, daß der Chefarzt nicht mehr categories of medical care
gesondert mit den Patienten der ersten und zweiten Klasse abrechnen separately
darf. Der Chefarzt wird jetzt nicht mehr wie früher üblich Patienten der
ersten und zweiten Pflegeklassen behandeln, wofür er bisher auch
gesondert *honoriert* wurde. Wenn ein Patient ein Einzelzimmer wünscht, to pay
erhält er es gegen *zusätzliche* Bezahlung; er braucht sich deshalb nicht additional
vom Chefarzt behandeln zu lassen.

Inhaltsfragen

1. Was wurde vom Bundesland Hessen am 29.3.1973 eingeführt?
2. Welches Recht eines jeden Bürgers wurde gesetzlich fixiert?
3. Wodurch soll ein Abbau der Unterschiede zwischen den einzelnen
   Pflegeklassen erreicht werden?
4. Was darf der Chefarzt jetzt nicht mehr tun?
5. Was war bisher in den ersten beiden Pflegeklassen üblich?
6. Was muß ein Patient tun, wenn er ein Einzelzimmer wünscht?

Schriftliches

A. Vervollständigen Sie bitte die folgenden Übungssätze. (Key p. 166)
1. Die völlige Gleichbehandlung aller Krankenhauspatienten wurde
   . . . . .
2. Das Rechte eines jeden Bundesbürgers auf Krankenhaus-Aufnahme
   wurde . . . . .
3. Dadurch, daß der Chefarzt jetzt nicht mehr gesondert mit den
   Patienten der ersten und zweiten Pflegeklassen abrechnen darf,
   . . . . .
4. Bisher war es üblich, daß der Chefarzt für seine Behandlung von
   Patienten der ersten und zweiten Pflegeklassen . . . . .

5. Gegen zusätzliche Bezahlung kann ein Patient, wenn er es wünscht, ...

6. Wenn ein Patient ein Einzelzimmer erhält, braucht . . . . .

B.

1. Geben Sie eine kurze Inhaltsangabe des Artikels.

2. Wählen Sie fünf der am Rande übersetzten Wörter und Redewendungen, und verwenden Sie dieselben jeweils in einem neuen Satz.

Vandalismus

FRANKFURTER ALLGEMEINE ZEITUNG

Die Wände meines Abteils im Londoner Vorortzug waren *übersät* mit großen *Kritzeleien* in sehr verschiedenen Handschriften: „Tötet alle Nigger", „Schmeißt die Amerikaner raus", „Gebt *schwangeren* Frauen einen Fußtritt", „Verbrennt alle Babys", „Juden raus". Die *Polster* im *Coupé* waren mit Rasierklingen aufgeschnitten worden. Die *mit* Reklame *beklebten* Wände des kleinen Londoner Bahnhofs waren von oben bis unten mit den *üblichen* Obszönitäten *beschmiert*. In den Telefonzellen hatte jemand die Telefone zerstört. Das Abteil, in dem ich später zurückfuhr, war dekoriert mit „Ins Feuer mit allen Pakistanis", „Tod den Homosexuellen", „Erhängt die Chinesen". Es war ein ungewöhnliches Reiseerlebnis, *es bewegte mich dazu*, die *Bahnbehörde* anzurufen und daran zu erinnern, daß Kinder, die mit all den angegriffenen Gruppen in Kontakt kamen, täglich unter diesen Slogans zur Schule fuhren. Wochen später wurde der Versuch gemacht, die Schmierereien auf dieser Bahnlinie zu entfernen. Es sind schon wieder neue zu sehen.

covered
scrawlings, graffiti
pregnant

upholstery
compartment
pasted over with
usual / to smear

it made me / railroad
administration

Inhaltsfragen

1. Womit waren die Wände des Abteils im Londoner Vorortzug übersät?

2. Womit waren die Wände des Londoner Bahnhofs beschmiert?

3. Was war mit den Polstern im Zug geschehen?

4. Was hatte man mit den Telefonen in den Telefonzellen gemacht?

5. Wozu bewegte das ungewöhnliche Reiseerlebnis den Reisenden?

6. Wurden die Schmierereien entfernt?

Schriftliches

A. Vervollständigen Sie bitte die folgenden Übungssätze. (Key p. 166)

1. Obszöne Kritzeleien verschmutzten . . . . .
2. Mit Rasierklingen hatte man . . . . .
3. Auch die Wände des kleinen Londoner Bahnhofs . . . . .
4. Der Reisende fühlte sich veranlaßt, ...
5. Die Bahnbehörde unternahm Schritte, ...

B.

1. Geben Sie eine kurze Inhaltsangabe des Artikels.
2. Wählen Sie fünf der am Rande übersetzten Wörter und Redewendungen, und verwenden Sie dieselben jeweils in einem neuen Satz.

Friede und Pfründe

Pfründe sinecure[1]

DER SPIEGEL

Eine neue Mazarin-Biographie schildert den französischen Kardinal als einen Staatsmann, der, obwohl korrupt wie kaum ein anderer, nach dem Dreißigjährigen Krieg zum Friedensmacher Europas wurde.

Daß nur Moralisten Friedensfreunde sind, scheint ein *Vorurteil* der Moralisten zu sein : Schon der Fall Nixon — einerseits der Rückzug aus Vietnam, andererseits Watergate — läßt daran Zweifel aufkommen.

   Die Geschichte Europas kennt viele andere Beispiele: Talleyrand, ein Friedensmacher des Wiener Kongresses, erhielt von deutschen Fürsten und von Zar Alexander I. mehrere Millionen *Bestechungsgelder*. Bismarck wurde durch *Dotationen* und *Getreidespekulationen* zum reichen Mann und war doch, *jedenfalls* als Reichskanzler, ein Friedensfreund.

   Der Italiener Mazarin, einer der bedeutendsten Staatsmänner Frankreichs, war unter den *Geschäftemachern* an der Macht der *findigste* und *fintenreichste* — und *gleichwohl* ein „Mann des Friedens" : An beidem läßt der französische Literaturhistoriker Paul Guth keinen Zweifel.

prejudice

bribes
donations / grain speculation
at least

wheeler-dealer / the most resourceful
craftiest / yet

[1] An ecclesiastical office (without care of souls) providing an income.

Inhaltsfragen

1. Wer war Mazarin?
2. Als was schildert ihn die neue Mazarin-Biographie?
3. Was erhielt der französische Staatsmann Talleyrand?
4. Was scheint ein Vorurteil der Moralisten zu sein?
5. Wodurch wurde der deutsche Staatsmann Bismarck zum reichen Mann?
6. Wie wird Mazarin im letzten Absatz dieses Artikels beschrieben?

Schriftliches

A. Vervollständigen Sie bitte die folgenden Übungssätze. (Key p. 166)

1. Kardinal Mazarin war . . . . .
2. Nach dem Dreißigjährigen Krieg wurde er . . . . .
3. Es scheint ein Vorurteil der Moralisten zu sein, ...
4. Talleyrand und Bismarck sind ebenfalls Beispiele dafür, ...
5. Von den Geschäftemachern an der Macht, ...
6. Der Italiener Mazarin war . . . . .

B.

1. Geben Sie eine kurze Inhaltsangabe des Artikels.

2. Wählen Sie fünf der am Rande übersetzten Wörter und Redewendungen, und verwenden Sie dieselben jeweils in einem neuen Satz.

Oh schöne heile Welt . . .

SCALA INTERNATIONAL

Nostalgie bedeutet *Heimweh.* Die Gegenwart geht mit wachsender Geschwindigkeit auf die Zukunft zu. Da ist eine *Gegenbewegung* ganz selbstverständlich. Nostalgie schließt ein die *rückschauende* Liebe zur „heilen Welt", zur „guten alten Zeit", zu *Nabelschnur* und Mutterleib. Reaktionär ist sie nicht. Immer mehr wird das 19. Jahrhundert *wiederentdeckt*, es war nicht nur das Jahrhundert der „*Gartenlaube*",[1]

homesickness
counter-movement
retrospective
umbilical cord
to rediscover
arbor

[1] In this context *Gartenlaube* is used as a symbol for sentimental trash.

sondern auch das Jahrhundert von Karl Marx. Die nostalgische Jugend weiß, daß es nie eine heile Welt gab und daß die alten Zeiten alles andere waren als gut. Aber Nostalgie ist die Antwort einer vom scheinbaren Fortschritt enttäuschten Generation. Das *Zwecklose*, das schöne *Überflüssige* wird nun wieder *geschätzt*. Es begann in den Wohnvierteln der Künstler und Halbkünstler. Der berühmteste Flohmarkt ist in Paris, aber das neue Berlin will ihm nicht *nachstehen* in der *Neigung*, „alt" zu sein, die *Trödelläden* heißen dort „Zillemarkt",[1] „Nante" (nach

useless
superfluous / to value

to lag behind / tendency
antique stores, thrift shops

[1] Heinrich Zille (1858–1929) was a famous Berlin caricaturist.

dem Eckensteher[1] ,,*Leierkasten*'', ,,Hoffmanns *Rumpelkammer*'' ... *street organ / attic*
Die Kunden sind nicht die passionierten *Sammler*, die einen *Fund* *collector / find*
machen wollen, sondern junge Paare, die sich billig und mit Flair ein-
richten wollen. Zunächst haben sie das wohl alles mit Ironie betrachtet;
aber was sich neckt, das liebt sich — und so finden sie wundervoll, was
ihnen eben noch einen *Ulk* wert war. *joke*

Inhaltsfragen

1. Was bedeutet Nostalgie?
2. Was schließt Nostalgie ein?
3. Worin liegt die Ursache für die Nostalgie der Jugend?
4. Womit wird das 19. Jahrhundert in diesem Artikel gleichgesetzt?
5. Worüber ist sich die nostalgische Jugend im klaren?
6. Was wird nun wieder geschätzt?
7. Wo ist der berühmteste Flohmarkt?
8. Aus welchem Grund gehen junge Paare in die Trödelläden?

Schriftliches

A. Vervollständigen Sie bitte die folgenden Übungssätze. (Key p. 166)

1. Mit wachsender Geschwindigkeit geht . . . . .
2. Nostalgie ist nicht . . . . .
3. Die ,,Gartenlaube'' ist . . . . .
4. Die alten Zeiten waren . . . . ., und die . . . . .
5. Man schätzt wieder . . . . .
6. In der Neigung, ,,alt'' zu sein, ...
7. Junge Paare machen in den Trödelläden oft . . . . .
8. Vor kurzem noch hat man Spaß gemacht über das, ...

B.

1. Geben Sie eine kurze Inhaltsangabe des Artikels.
2. Wählen Sie fünf der am Rande übersetzten Wörter und Redewendungen, und verwenden Sie dieselben jeweils in einem neuen Satz.

[1] ,,Eckensteher Nante'' is a Zille character.

Diskussionsthemen

Bereiten Sie sich auf Klassendiskussionen über folgende Themen vor:

1. Was halten Sie für Zeichen einer „Gesellschaft im Wandel" in der Bundesrepublik Deutschland bzw. in den USA?

2. Könnte die Wirtschaftsform des Tauschhandels auf längere Sicht wirklich eine Lösung der Energie- und Rohstoffknappheit sein?

3. Was wissen Sie über die soziale Entwicklung nach dem Zweiten Weltkrieg in der Bundesrepublik, und worauf deutet diese Entwicklung hin?

4. In dem Artikel DAS SCHLIMMSTE VON KING KONG ist von einem geplanten „Einwohner-Kennzeichen" die Rede. Was halten Sie davon?

5. Womit könnte Ihrer Meinung nach das Anrecht des Arbeitnehmers auf Gewinnbeteiligung begründet werden?

6. Gedanken zum Thema „Sozialmedizin" — Vor- und Nachteile.

7. Ist es realistisch, von einem Politiker Aufrichtigkeit zu erwarten? Sind Sie bereit, einem Politiker seine Korruptheit zu verzeihen, wenn er politisch erfolgreich ist?

8. Hat es die Sehnsucht nach der Vergangenheit auch zu anderen Zeiten schon gegeben?

Humor

DIE ZEIT

„Dürfte ich um eine Unterredung unter drei Augen bitten?"

„Wieso drei?"

„Eins habe ich auf Ihr reizendes Fräulein Tochter geworfen."

„Also unter zwei Augen?"

„Wieso zwei?"

„Eins soll ich doch vermutlich zudrücken."

Ein Mann steht auf der Rheinbrücke und schimpft: „Verdammt! Jetzt ist mir die Brille in die Mosel gefallen."

Ein Passant sagt: „Sie meinen wohl den Rhein."

„Sehen Sie! Ohne Brille bin ich blind."

„Finster heute!" bemerkt er. „Man sieht die Hand nicht vor den Augen."

Sie kichert: „Da hast du sie ja auch nicht."

„Herr Doktor, mein größtes Problem ist, daß ich nur vom Fußball träume. Nur vom Fußball!"

„Träumen Sie nie von — Mädchen?" fragt der Arzt.

„Das wage ich nicht", gesteht der junge Mann. „Ich fürchte, daß mich das ablenkt, und dann lasse ich den Ball ins Tor."

„Macht die Arbeit von zehn Angestellten — aber wen soll ich jetzt anschreien . . . ?"

Vater und Sohn

iii Umweltschutz

Umweltverschmutzung – Meßgeräte – Bürgeraktionen

Wie in allen Industrienationen ist auch in Westdeutschland die Umwelt verschmutzt. Die Flüsse haben sich mitunter in stinkende Kloaken verwandelt. Über den Großstädten hängen Smog-Glocken.

Das Problem der Umweltverschmutzung konzentriert sich auf zwei Gegenden der Bundesrepublik: den Raum Mannheim/Ludwigshafen und das Ruhrgebiet, das größte industrielle Zentrum Europas.

Da der Rhein nicht nur an Mannheim und Ludwigshafen vorbeifließt, sondern auch später das Ruhrgebiet erreicht, ist dieser Fluß *besonders verschmutzt* (especially contaminated). Der größte Strom Deutschlands bereitet den Umweltschützern auch die größten Sorgen (3-B).

Der Umweltschutz war in Westdeutschland lange Zeit versäumt worden. Nach dem Zweiten. Weltkrieg wurden innerhalb weniger Jahre die zerstörten Industriegebiete wieder aufgebaut und neue Fabriken errichtet — ohne Rücksicht auf die Umwelteinflüsse.

Erst Ende der sechziger und Anfang der siebziger Jahre wurden sich viele Bundesbürger dessen bewußt, daß der industrielle Fortschritt *der Umwelt geschadet*

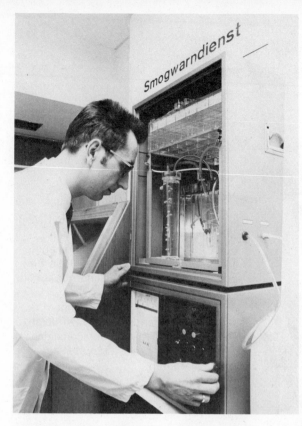

hat (damaged the environment).
Proteste — 1972 erinnerten
Sportler mit Schutzmasken an die
Umweltgefahren (3-F) — Appelle
und Selbsthilfeaktionen wurden
überall sichtbar. Ein Beispiel der
Selbsthilfe: in Westberlin (3-G)
säuberten Bürger ein verschmutz-
tes Waldgebiet.

Diese Aktionen veranlaßten die
Regierung, Maßnahmen zur Verbesserung der Umweltsqualität
einzuleiten. Der Bundestag und
die *Landtage* (state legislatures)
verabschiedeten Umwelt-
schutzgesetze.

3-E

3-F

Regelmäßig wird jetzt die Luftqualität gemessen. Die Messungen werden oft mit Meßwagen (3-E) vorgenommen. Sogenannte Smog-Warndienste (3-D) sorgen dafür, daß die Bevölkerung immer über die Smog-Situation informiert wird.

In vielen Städten erinnern schließlich Schilder (3-A) daran, daß Müll nicht überall abgeladen werden kann: ,,Schuttabladen verboten.''

3-G

Inhaltsfragen

1. Auf welche Gegende der Bundesrepublik konzentriert sich die Umweltverschmutzung?
2. Welcher Fluß Westdeutschlands ist besonders verschmutzt?
3. Wann wurden sich viele Bundesbürger der Tatsache bewußt, daß der industrielle Fortschritt der Umwelt geschadet hat?
4. Welche Aktionen veranlaßten die Regierung, Maßnahmen zur Verbesserung der Umweltsqualität einzuleiten?
5. Wie wird jetzt die Luftqualität regelmäßig gemessen?

Diskussionsthemen

1. Die Industrialisierung Westdeutschlands und ihre Umwelteinflüsse.
2. Umweltschutz in Deutschland und in den USA: Gemeinsamkeiten und Unterschiede.
3. Proteste, Appelle und Selbsthilfeaktionen in Westdeutschland.

Aufsatzthemen

Schreiben Sie einen kurzen Aufsatz über eines der folgenden Themen:

1. Der industrielle Aufschwung und die Umweltverschmutzung.
2. Maßnahmen, die in allen Industrienationen ergriffen werden könnten, um die Umwelt zu schützen.

Energie aus dem Wind

SPIEGEL

Windmühlen sollen wieder in Mode kommen — als *zusätzliche Ener-*
gielieferanten, wenn der *Strom knapp* wird. Fünf Einfamilienhäuser
kann ein windbetriebenes Energiewerk antreiben. Ein Wissenschaftler-
Team in Tinnum auf der Insel Sylt hat es schon *erprobt.* Zwei *gegenläu-*
fige Rotoren sorgen dafür, daß schon bei einer minimalen Windgeschwindigkeit von drei Metern in der Sekunde Energie *abfällt.* Bis zu
80 Prozent der *vorhandenen* Windkraft werden *angeblich* genutzt.
Pläne, in Küstennähe Windmühlen-Inseln als Energiespender zu errichten,
erwägt unterdes auch die US-Raumfahrtbehörde Nasa.

additional / sources of
energy
electricity / scarce

to test / rotating in opposite
direction

to be produced

existing / allegedly

to consider / meanwhile

Inhaltsfragen

1. Welchen Zweck sollen Windmühlen erfüllen?
2. Was wurde auf der Insel Sylt erprobt?
3. Was wird augenblicklich auch in den USA geplant?
4. Denkt man an Windmühlen als eine hauptsächliche Energiequelle?
5. Welche Windgeschwindigkeit bewirkt bereits Energieerzeugung,
   und wie rationell ist dieses Verfahren?

Schriftliches

A. Vervollständigen Sie bitte die folgenden Übungssätze. (Key p. 167)

1. Ein Wissenschaftlerteam in Tinnum . . . . .
2. Energie aus dem Wind kann . . . . .
3. In Küstennähe sollen . . . . .
4. Windmühlen übertragen die Bewegung auf gegenläufige Rotoren,
   damit . . . . .
5. Die US Raumfahrtbehörde erwägt, ...

B.

1. Geben Sie eine kurze Inhaltsangabe des Artikels.
2. Wählen Sie fünf der am Rande übersetzten Wörter oder Redewendungen, und verwenden Sie dieselben jeweils in einem neuen Satz.

Das Schaf hat einen goldenen Fuß

Die besten und billigsten Landschaftspfleger sind Schafherden

FRANKFURTER ALLGEMEINE ZEITUNG

Brachflächen entstehen dort, wo es für den Landwirt nicht mehr *rentabel* genug ist, den Boden als *Ackerland zu bewirtschaften*. —fallow land / lucrative / to cultivate the soil

Mit den Schafen lebt *karger* und „*geschundener*" Boden wieder auf. Sie beißen das Unkraut weg, das Gras wächst kräftig nach, Wiesenkräuter stellen sich ein, der *Kot* der Tiere macht sich als Düngemittel nützlich. Das zuvor von Wind und Regen *ausgeschwemmte* Land wird zur fruchtbaren und gesunden Weide. *Eine alte Bauernweisheit* lautet: Das Schaf hat einen goldenen Fuß. —sterile / "mistreated" / excrement / eroded / an old peasant saying

In der Stadt Baden-Baden im Schwarzwald werden derzeit rund hundert *Hektar* von Schafen beweidet. In vier Jahren soll die Herde auf 850 *Muttertiere* gewachsen sein. —1 Hektar (ha) = 2,5 acres / ewes

Inhaltsfragen

1. Wo entstehen Brachflächen?
2. Was geschieht mit kargem Boden, wenn Schafe darauf weiden?
3. Was wird aus dem zuvor ausgeschwemmten Land, nachdem Schafe eine zeitlang darauf geweidet haben?
4. Wie lautet eine alte Bauernweisheit?
5. Was plant man in der Stadt Baden-Baden?

Schriftliches

A. Vervollständigen Sie bitte die folgenden Übungssätze. (Key p. 167)

1. Dort, wo es für den Landwirt nicht mehr rentabel ist, ...
2. Schafe verhelfen kargem, geschundenem Boden . . . . .
3. Schafe beißen das Unkraut weg, und Gras und . . . . .
4. Fruchtbares, gesundes Weideland entsteht dort, ...
5. In Baden-Baden will man . . . . .

B.

1. Geben Sie eine kurze Inhaltsangabe des Artikels.
2. Wählen Sie fünf der am Rande übersetzten Wörter und Redewendungen, und verwenden Sie dieselben jeweils in einem neuen Satz.

Umweltschutz

SCALA INTERNATIONAL

Es besteht Einigkeit darüber, daß die *Belastungen* der Umwelt durch *Abgase*, *Müll*, Abwässer und Lärm eine gefährliche Grenze erreicht haben und vielfach die Lebensbedingungen für den Menschen, die Lebensqualität, *beeinträchtigen*. Im Juli 1972 ist das Abfallbeseitigungsgesetz in Kraft getreten; es soll eine unschädliche Beseitigung aller Abfälle *sicherstellen*. Mehrere Gesetzentwürfe der Bundesregierung *liegen* dem Parlament *vor*: ein Immissionsschutzgesetz, das die Bevölkerung vor verunreinigter Luft, Lärm und anderen störenden Einwirkungen schützen soll, außerdem eine *Novelle* zum Wasserhaushaltsgesetz, die unter anderem einen *Gütestandard* für alle Gewässer in der Bundesrepublik festlegen soll. Die Regierung hat ein Umweltprogramm verkündet, das unter anderem Umweltschäden demjenigen *anlastet*, der sie verursacht hat. Bisher war es vielfach die Allgemeinheit, die für die Kosten aufzukommen hatte.

burden
exhaust gases / refuse

to impair

to guarantee
to be under discussion

supplementary law
standard of quality

to hold responsible

Inhaltsfragen

1. Worüber besteht Einigkeit?
2. Was beeinträchtigt die Lebensbedingungen der Menschen?

3. Womit befassen sich die Gesetzentwürfe, die dem Parlament vorliegen?
4. Was sieht das 1972 in Kraft getretene Abfallgesetz vor?
5. Was sieht die Novelle zum Wasserhaushaltsgesetz vor?
6. Wem sollen Umweltschäden angelastet werden?
7. Wer mußte bisher die Kosten für Umweltschäden tragen?
8. In welchem Gesetzentwurf wird ein Gütestandard für alle bundesdeutschen Gewässer vorgesehen?

Schriftliches

A. Vervollständigen Sie bitte die folgenden Übungssätze. (Key p. 167)

1. Die Belastungen der Umwelt durch . . . . .
2. Die Lebensbedingungen für den Menschen werden . . . . .
3. Die unschädliche Beseitigung aller Abfälle ist . . . . .
4. Dem Parlament liegen . . . . .
5. Die dem Parlament vorliegenden Gesetzentwürfe betreffen . . . . .
6. Für alle Gewässer in der Bundesrepublik soll . . . . .
7. Aufgrund des neuen Umweltprogramms sollen . . . . .
8. Bisher mußte die Allgemeinheit vielfach . . . . .

B.

1. Geben Sie eine kurze Inhaltsangabe des Artikels.
2. Wählen Sie fünf der am Rande übersetzten Wörter oder Redewendungen, und verwenden Sie dieselben jeweils in einem neuen Satz.

Weniger kann mehr sein

SCALA INTERNATIONAL

Hoher Lebensstandard allein gilt vielen nicht mehr als der Schlüssel zum Glück. Denn mit den produktiven Kräften sind auch die zerstörerischen gewachsen.

Das „*Wirtschaftswunder*" ist zu Ende, seine Früchte sind *genossen* — nun geht es um *Sicherung und Ausbau des Erreichten*. Der rauchende *Schornstein* an der Rhur[1], das Auto als des Bundesbürgers liebstes

economic miracle / enjoyed
consolidation and extension
of what has been achieved
smokestack

[1] An industrial region in Northwest Germany.

West Berlin

Kind, sein Fernsehgerät verlieren ihre Symbolkraft als Synonyme für *Wohlstand* und Aufbau. Denn das „Wirtschaftswunder" brachte der Bundesrepublik nicht nur Wunderbares. 19 000 Menschen sterben jedes Jahr bei *Verkehrsunfällen*, 350 Millionen Kubikmeter *Müll überschwemmen* die Landschaft, unter den Smogglocken der Großstädte *lauern Krebs* und *Herzinfarkt*, Tausende von Kindern und Alten *warten auf Heimplätze*, nur jeder vierte kann an den *überlasteten* Universitäten das Fach seiner Wahl studieren.

 Das Auto ist zwar ein Symbol des Fortschritts, aber kein *Garant* für *Lebensqualität*. Ein Blick auf *überfüllte* Autobahnen beweist es.

 Von amerikanischen Wissenschaftlern in den sechziger Jahren *geprägt*, wurde das *Postulat* Lebensqualität in der Bundesrepublik in die Diskussion eingeführt, von der SPD zum zentralen innenpolitischen

prosperity

traffic accidents / garbage
to inundate
to lurk / cancer / heart attack / to wait for placement in homes
overcrowded
guarantee
quality of life / overcrowded

formulated / claim (postulate)

Wahlkampfthema gemacht, von Bundeskanzler Brandt mit der *Regierungserklärung* in die Tagespolitik eingebracht: „Lebensqualität ist mehr als Lebensstandard. Sie ist *Bereicherung* unseres Lebens über Einkommen und *Konsum* hinaus.''

election campaign issue / (policy) statement

enrichment

consumption

Inhaltsfragen

1. Was soll gesichert und ausgebaut werden?
2. Was waren die Synonyme für Wohlstand und Aufbau?
3. Warum gilt hoher Lebensstandard nicht mehr als der Schlüssel zum Glück?
4. Welches sind die zerstörerischen Folgen des „Wirtschaftswunders''?
5. Was beweist ein Blick auf die überfüllten Autobahnen?
6. Welches ursprünglich von amerikanischen Wissenschaftlern geprägte Postulat wurde von der SPD in der Wahlkampagne übernommen?
7. Wie definierte Bundeskanzler Brandt in seiner Regierungserklärung den Begriff von der „Lebensqualität''?

Schriftliches

A. Vervollständigen Sie bitte die folgenden Übungssätze. (Key p. 167)

1. Die Früchte des . . . . .
2. Das Erreichte soll . . . . .
3. Die Synonyme für Wohlstand und . . . . .
4. Jedes Jahr sterben . . . . .
5. Die Landschaft wird . . . . .
6. Krebs und Herzinfarkt . . . . .
7. Die Universitäten sind so überlastet, daß . . . . .
8. Hoher Lebensstandard ist nicht . . . . .
9. Das Postulat „Lebensqualität'' wurde . . . . .
10. Bundeskanzler Brandt sagte in seiner Regierungserklärung, daß . . . . .

B.

1. Geben Sie eine kurze Inhaltsangabe des Artikels.
2. Wählen Sie fünf der am Rande übersetzten Wörter oder Redewendungen, und verwenden Sie dieselben jeweils in einem neuen Satz.

Ein alter Bekannter von Hewlett-Packard

Die Geburt ist wohl das gefährlichste Ereignis im Leben eines Menschen. Um das Risiko der Geburt so gering wie möglich zu halten, hat die Universitäts-Frauenklinik in Freiburg eine große perinatale Wachstation mit Hewlett-Packard-Geräten eingerichtet.

In dieser Station werden unter anderem der Kreislauf und die Wehen der Mutter, die Herzleistung und das Befinden des ungeborenen Kindes bereits vor der Geburt laufend überwacht. In einer Zentrale werden alle Meßwerte auf Bildschirmen dargestellt. Befunde und notwendige Maßnahmen können von den Ärzten in dieser Zentrale besprochen werden, ohne die Patientin zu beunruhigen.

Durch die lückenlose Überwachung lassen sich Gefahrenzustände während der Schwangerschaft und unter der Geburt sofort erkennen und die erforderlichen Maßnahmen einleiten.

Die Überwachungsgeräte sind nur einige der über 3000 verschiedenen Produkte, die Hewlett-Packard zu einem führenden Hersteller auf dem Gebiet elektronischer Meßtechnik/Datentechnik gemacht haben.

Dieses umfassende Wissen und die sich gegenseitig beeinflussenden Technologien bei elektronischen Bauelementen, Meßgeräten, Taschen- und Tischrechnern und Computern schaffen die Voraussetzung für die bedeutenden Beiträge, die Hewlett-Packard zum Fortschritt von Wissenschaft, Industrie, Medizin, Erziehung und Wirtschaft leistet.

Viele dieser Geräte stammen aus Hewlett-Packard's deutschem Werk in Böblingen, eines von 26 Werken in drei Kontinenten. Weitere Daten dieses Weltunternehmens: ca. 30.000 Mitarbeiter, davon 1500 in Forschung und Entwicklung, 172 Verkaufs- und Servicebüros in

65 Ländern – davon 8 in der Bundesrepublik. Der gegenwärtige Jahresumsatz von nahezu 2 Milliarden Mark macht Hewlett-Packard zu einem führenden Unternehmen auf diesem Gebiet.

Hewlett-Packard Know-how und Geräte können auch Ihnen echte Partner sein. Wenn Sie mehr über Hewlett-Packard's elektronische Meßtechnik/Datentechnik wissen möchten, dann schreiben Sie an:

Hewlett-Packard GmbH/Vertrieb
6 Frankfurt/Main 56, Berner Straße 117
Telefon (0611) 50041

HEWLETT hp PACKARD

172mal Verkauf und Service in 65 Ländern

Zum Schlachten in die Tiefe

Hobbyjäger und Tauchfanatiker bedrohen die Tierwelt unserer
Meere

DIE ZEIT

Was vor rund drei Jahrzehnten mit den *Tauchversuchen* von Hans
Hass begann, der mit einfachem *Tauchgerät*, Kamera und Speer in
die Unterwasserwelt vordrang, hat zu einer weltweiten Bewegung
geführt: Immer mehr Menschen *rücken* jetzt den Meerestieren mit
automatischen Harpunen *zu Leibe*.

Ende der dreißiger Jahre war die *Unterwasserjagd* ein sehr fairer
Sport. Wir waren 1937 nur einige Dutzend, die an der französischen
Mittelmeerküste jagten, *angeregt* durch das Vorbild des Amerikaners
Guy Gilpatric. Mit wasserdichten Brillen und einer drei Meter langen
Harpune tauchten wir zu den Fischen hinab und *erlegten* sie mit blitz-
schnellem *Stoß*. Damals *wimmelte* es an diesen Küsten noch von Fischen.
Trotzdem dauerte es oft eine Stunde und mehr, ehe wir einen *überli-
steten*.

Auf die Angler sahen wir mit *Verachtung* herab. In einem *Leckerbissen*
verborgen, sandten sie ihren *tückischen* Haken in die Tiefe. Wir dagegen
begegneten den Fischen in ihrem eigenen Element. Sie konnten uns
sehen, hatten jede Chance auf ihrer Seite. Wie Delphine immer wieder
zur *Oberfläche* kommend und nach Luft schnappend, *stellten wir
ihnen* geduldig *nach*, studierten ihr *Verhalten*, warteten auf den Augenblick, sie zu überlisten.

Später wurden dann *Schleudern* und Unterwassergewehre entwickelt,
mit denen man die Tiere auf mehrere Meter Entfernung abschießen
kann. Durch diese mechanischen *Hilfsmittel* vereinfachte sich die Jagd
ganz erheblich. Die Geräte werden heute bereits von mehr als zwei
Millionen Unterwassernimrods verwendet. Wie *Heuschrecken-
schwärme* dringen sie überall vor, oft noch *zusätzlich* mit einem
Tauchgerät ausgerüstet. Dieser Sport ist nicht mehr fair. Viele Küsten
sind bereits „leergeschossen".

(Randglossen:)
diving experiments
diving gear
to attack

deep sea hunt
inspired
to kill
thrust / to abound with
to outwit

contempt / delicacy
treacherous

surface / to lie in wait for
behavior

harpoon

aids
quite considerably
swarms of locusts
additionally

Inhaltsfragen

1. Von wem wird die Tierwelt unserer Meere bedroht?
2. Wann etwa begann Hans Hass mit seinen Tauchversuchen an der
   Mittelmeerküste?

3. Wie näherten sich die Unterwasserjäger Ende der dreißiger Jahre den Fischen?
4. Auf wen sahen die Unterwasserjäger damals mit Verachtung herab und warum?
5. Warum mußten die Unterwasserjäger immer wieder an die Oberfläche kommen?
6. Mit welchen mechanischen Hilfsmitteln sind die Tauchfanatiker heutzutage ausgerüstet?
7. Was ist die Folge dieser Vereinfachung der Unterwasserjagd?

Schriftliches

A. Bitte vervollständigen Sie die folgenden Übungssätze. (Key p. 167)
1. Hans Hass begann vor . . . . .
2. In einer weltweiten Bewegung rücken . . . . .
3. Der Amerikaner Guy Gilpatric gab das Vorbild . . . . .
4. Es dauerte oft Stunden, ehe wir . . . . .
5. Wir sahen mit Verachtung auf die Angler herab, ...
6. Wir stellten den Fischen geduldig nach und mußten dabei wie . . . . .
7. Im Gegensatz zu den Anglern . . . . .
8. Mit Schleudern und Unterwassergewehren kann man . . . . .
9. Mehr als zwei Millionen Unterwasserjäger verwenden heute . . . . .
10. Durch diesen neuen Massensport sind bereits . . . . .

B.
1. Geben Sie eine kurze Inhaltsangabe des Artikels.
2. Wählen Sie fünf der am Rande übersetzten Wörter oder Redewendungen, und verwenden Sie dieselben jeweils in einem neuen Satz.

Smog über Nippons Großstädten

Umweltverschmutzung und ein kühner Plan, Japan zum Musterland zu machen.

FRANKFURTER ALLGEMEINE ZEITUNG

Die ausländischen Delegierten einer in Tokyo tagenden Umweltschutzkonferenz wurden im *Hubschrauber* über Japans Hauptstadt geflogen. Verblüfft stellten sie fest, daß es in Tokyo kaum *Grünflächen*

helicopter
parks, open air spaces

gab. Hier einige *Vergleichszahlen:* In New York gibt es pro Kopf 18,5 Quadratmeter Park- und Grünflächen, in London 10,1, in Paris 3,6 und in Tokyo bloß 1 Quadratmeter! In den meisten anderen japanischen Großstädten sieht es genauso aus.

Die japanische *Vorliebe* für alles Kleine (*winzige* Gärten und Parks gibt es überall) und das Tempo der Entwicklung japanischer Städte in den letzten hundert Jahren sind der Grund für die Zustände. Es gab keine *Städteplanung*. Das Wichtigste war die Industrialisierung und der wirtschaftliche und militärische *Aufbau*. Man hoffte, die im Krieg zerstörten Städte auf planvolle Weise wieder aufzubauen. Zuerst jedoch verhinderten die Armut und später der Wunsch nach wirtschaftlichem Wachstum dieses Ziel.

Überall sieht man *Abfall* herumliegen, selbst auf dem heiligen Berg Fuji. Das Volk ist leider *mitschuldig an* der *Verschmutzung* Japans.

Die durch Umweltverschmutzung verursachten Schäden erschweren das ohnehin schon aufreibende Großstadtleben noch mehr.

Im Tanaka-Plan werden die Japanischen Inseln *als eine Landschaft aufgefaßt*. Ihre Siedlungen und Industrien sollen durch ein großes Verkehrssystem miteinander verbunden werden. Der Unterschied zwischen Stadt und Land, so wie er heute besteht, soll dabei *ausgeglichen* werden.

Die Menschen in Tokyo sehen nicht mehr so gesund aus wie früher. Halskrankheiten, Asthma, Augenleiden und *Übelkeit* sind die Folgen des Tokyoter Smogs.

comparative figures

preference / tiny

city planning
reconstruction

refuse
implicated in / pollution of the environment

to be conceived as a single region

to minimize

nausea

Inhaltsfragen

1. Was stellten die ausländischen Delegierten bei ihrem Hubschrauberflug über Tokyo verblüfft fest?
2. Welche besondere Vorliebe der Japaner wird in dem Artikel erwähnt?
3. Wie hoffte man, die zerbombten Städte Japans wieder aufzubauen?
4. Wie sehen viele Bewohner Tokyos heute im Vergleich zu früher aus?
5. Was sieht der Tanaka-Plan vor?
6. Welcher Vergleich wird in dem Artikel zwischen Tokyo und anderen Großstädten angestellt?
7. Welches sind die Gründe für die jetzige Situation in den Großstädten Japans?
8. Welche Gesundheitsschäden werden durch den Tokyoter Smog hervorgerufen?
9. Auf welche Weise soll der Unterschied zwischen Land und Stadt im heutigen Japan ausgeglichen werden?

Schriftliches

A. Vervollständigen Sie bitte die folgenden Übungssätze. (Key p. 168)

1. Die ausländischen Delegierten wurden . . . . .
2. Die Zahl der Grünflächen . . . . .
3. In anderen Großstädten der Welt . . . . .
4. Der wirtschaftliche und militärische Aufbau Japans . . . . .
5. Nach dem Krieg hoffte man, ...
6. Überall in Japan sieht man . . . . .
7. Die Bevölkerung Japans ist an der . . . . .
8. Krankheitserscheinungen wie Asthma . . . . .
9. Der Tanaka-Plan faßt die Japanischen Inseln . . . . .
10. Der Plan soll dafür sorgen, den Unterschied . . . . .

B.

1. Geben Sie eine kurze Inhaltsangabe des Artikels.

2. Wählen Sie fünf der am Rande übersetzten Wörter oder Redewendungen, und verwenden Sie dieselben jeweils in einem neuen Satz.

Diskussionsthemen

Bereiten Sie sich auf Klassendiskussionen über folgende Themen vor:

1. Umweltschutz und Energiekrise — sehen Sie Zusammenhänge, Konflikte?

2. Die Ursachen der Umweltverschmutzung in den Städten. Sehen Sie irgendwelche Lösungen?

3. Inwiefern tragen Kriege und internationale Spannungen zur Energiekrise und zur Umweltverschmutzung bei?

4. Wie hat sich die Auffassung von „Lebensqualität" im Laufe der Jahre nach dem Zweiten Weltkrieg gewandelt?

5. Wie würden Sie den Unterschied zwischen „jagen" und „schlachten" definieren?

6. Sollte man aufgrund der unvermeidlichen Folgen eine Beschränkung der Unterwasserjagd in Betracht ziehen?

Humor

Der Finanzminister wünscht Euch schöne Ferien: „Kommt gut zurück — ich brauch Euch noch."

DIE ZEIT

„Warum habt ihr eigentlich niemals Besuch?"
„Meine Frau hat alle Gäste in die Flucht gekocht!"

Der Patient ist zum erstenmal bei einem Psychiater. Seine Frau hat ihn geschickt, weil er Baumwollsocken mag. „Aber das ist doch kein Grund, mich zu konsultieren," rätselt der Arzt, „ich mag auch Baumwollsocken."
„Ist das wahr?" ruft der Patient glücklich, „auch in Essig und Öl und mit einem Spritzer Zitrone?"

Spät am Abend kommt er angeblich von der Jagd zurück und wirft ihr lässig einen Hasen in den Schoß. Sie sieht ihn an und fragt: „Was soll denn das Schild mit ‚19,30' an der Pfote?"
„Oh," stottert er, „es ist die genaue Uhrzeit, da habe ich ihn endlich getroffen!"

Die Schwiegermutter kommt Ostern zu Besuch. Eine Freundin fragt die Ehefrau:
„Hast du gesehen, wie freudig euer Hund deine Mutter begrüßt hat?"
„Kein Wunder."
„Warum?"
„Der Hund hört doch ständig von meinem Mann, daß sie ein alter Knochen sei!"

iv Feuilleton

4-B

Kunst und Literatur

Nach einer relativ langen *Stag-nierungsperiode* (stagnation period), die größtenteils auf die Folgen des Zweiten Weltkrieges zurückzuführen ist, erlebt Westdeutschland heute wieder einen erstaunlichen kulturellen Aufschwung.

Im Bereich der leichten Musik machte sich zunächst einmal der Einfluß amerikanischer und eng-lischer Rock-Gruppen stark be-merkbar (Bilder 4-A, 4-E). Bald aber erzielten junge deutsche Sänger und Komponisten mit ihren eigenen *Schlagern* (hits) zahlreiche Erfolge. In Amerika ist die Gruppe Kraftwerk besonders durch ihre Langspielplatte ,,Au-tobahn'' sehr populär geworden.

Die Kulturformen des Ostblocks und der dritten Welt sind aber dem Bundesbürger auch nicht fremd. Die berühmte Frank-furter Buchmesse, die jährlich veranstaltet wird, *stellt* Publika-tionen aus allen Erdteilen *aus* (exhibits). Auf dem Bild 4-B sehen wir beispielsweise den Sowjetstand der Messe 1972.

Was Frankfurt für die Literatur geworden ist, bedeutet Kassel für die bildende Kunst. Die Kassler ,,Documenta''-Schau ist zweifel-los eine der wichtigsten Ausstel-lungen moderner Kunst, die

4-C

gegenwärtig in Mitteleuropa regelmäßig stattfinden. Das Bild
4-C zeigt eine Skulptur Marcel
Broodthaers, dessen Gruppe in
Düsseldorf arbeitet.

Auf dem Gebiet des Ballets
war die Bundesrepublik bis vor
kurzen praktisch unbekannt. Seit
einigen Jahren aber ist das
Stuttgarter Ballet (4-D) zu einer
der führenden Gruppen Europas
avanciert; sein Erfolg in Ballet-
Hauptstädten der Welt wie London und New York zeugt dafür.

Berlin war und bleibt das Zentrum des deutschen Kulturlebens.
Das Theaterleben ist heute in der
geteilten Stadt genauso interes-
sant wie es vor dem Krieg war.
Im östlichen Teil kann man die
Inszenierungen des welt-
berühmten Berliner Ensembles
sehen. In Westberlin werden dem
Publikum jeden Abend zahlreiche
Bühnenexperimente geboten. Im
Schillertheater (Westberlin) wurde
1974 ,,Die Ermordung des Aias''
uraufgeführt (Bild F), in dem der
Verfasser Hartmut Lange versucht, den Stoff der antiken
griechischen Sagenwelt für die
Beschreibung gegenwärtiger
politischer und gesellschaftlicher
Situationen zu verwerten.

In anderen Städten der Bundesrepublik, wie z.B. Aachen, werden ähnliche Bühnenexperimente
durchgeführt (4-G). Hier ver-

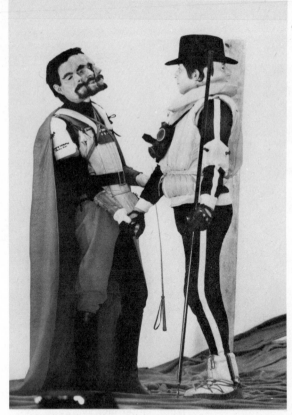

suchte der Produzent Georg Immelmann das ,,Sportliche Erlebnis'', so wie es Ror Wolf in seinem Buch dargestellt hatte, dem Theaterpublikum näherzubringen.

Die Bedeutung Deutschlands im Bereich der ernsten Musik (Schönberg, Hindemith) und der modernen Literatur (Enzensberger, Böll, Grass) braucht man in diesem Zusammenhang nicht zu unterstreichen. ■

4-G

Inhaltsfragen

1. Worauf ist die relativ lange Stagnierungsperiode der westdeutschen Kultur zurückzuführen?
2. Welche deutsche Gruppe hat neuerdings in Amerika eine Langspielplatte populär gemacht?
3. Wie oft wird die Frankfurter Buchmesse veranstaltet?
4. Wie heißt die Kassler Austellung der bildenden Kunst?
5. Welche ist wohl die bekannteste Ballettgruppe der Bundesrepublik?
6. Wo wurde das Stück ,,Die Ermordung des Aias'' uraufgeführt?
7. Nennen Sie bitte einige der bedeutendsten Schriftsteller der Bundesrepublik.

Diskussionsthemen

1. Der kulturelle Aufschwung Deutschlands nach dem Zweiten Weltkrieg.
2. Unterschiede zwischen den Kulturformen, mit denen West- und Ostdeutsche vertraut sind.
3. Berlin, Frankfurt und Kassel: drei Städte und ihre verschiedenen kulturellen Veranstaltungen.

Aufsatzthemen

Schreiben Sie einen kurzen Aufsatz über eines der folgenden Themen:

1. Die Bedeutung der deutschen Literatur im heutigen Europa.
2. Berlin als Zentrum des deutschen Kulturlebens.
3. Deutschland und die experimentelle Kunst.

Ehen über die Grenzen

SCALA INTERNATIONAL

In einem Jahr (1971) haben in der Bundesrepublik Deutschland fast
25 000 deutsche Männer und Frauen eine Ausländerin *beziehungsweise*   respectively
einen Ausländer geheiratet. Bei den Ausländerinnen waren die Jugoslawinnen, die Österreicherinnen und die Holländerinnen am *begehrte-*   most in demand
sten; die *meistgeheirateten* Ausländer waren nach den Amerikanern die   married most often
Italiener und Österreicher. Fast jedes zehnte Kind, das 1971 geboren
wurde, hat einen Vater oder eine Mutter mit ausländischer *Staatsan-*   nationality
gehörigkeit.

Inhaltsfragen

1. Was haben fast 25 000 Männer und Frauen im Jahre 1971 in der
   Bundesrepublik getan?
2. Welche Nationalitäten waren bei den Ausländerinnen am begehrtesten?
3. Und bei den Männern?
4. Was hat fast jedes zehnte Kind, das im Jahre 1971 geboren wurde?

Gastarbeiter

Schriftliches

A. Vervollständigen Sie bitte die folgenden Übungssätze. (Key p. 168)

1. Eine beachtliche Anzahl deutscher Männer beziehungsweise Frauen . . . . .

2. Nach den Jugoslawinnen sind die . . . . .

3. Amerikaner, Italiener und Österreicher sind . . . . .

4. Eine große Anzahl in Deutschland geborener Kinder hat . . . . .

B.

1. Geben Sie eine kurze Inhaltsangabe des Artikels.

2. Wählen Sie zwei der am Rande übersetzten Wörter und Redewendungen, und verwenden Sie dieselben jeweils in einem neuen Satz. '

„Ich bin eine Friedensbombe"

SPIEGEL-Interview mit dem 15jährigen Guru Maharadsch Dschi

DER SPIEGEL

SPIEGEL: Eure *Göttlichkeit* — so reden Ihre *Jünger* Sie an. Dürfen auch wir Sie so nennen ?   *divinity / disciples*

MAHARADSCH DSCHI: Wenn Sie wollen. Sehen Sie, einige nennen mich Eure Göttlichkeit, andere sagen : So ein Idiot.

SPIEGEL: Und was sind Sie ?

MAHARADSCH DSCHI: Ein demütiger Diener Gottes.

SPIEGEL: Sie werden *in Hymnen* als Herr des Weltalls *besungen*. Wollen Sie auch andere Planeten *beglücken* ?   *to be celebrated in hymns / to make happy*

MAHARADSCH DSCHI: Das ist absolut *lächerlich*. Sie sind doch gebildete Leute, viel älter als ich. Ich bin erst 15 Jahre alt. Wenn jemand daherkäme und Ihnen erzählte, er hätte fliegende Untertassen gesehen, da würden Sie doch auch sagen : absoluter Blödsinn. Gott hat mich hierher auf diesen Planeten geschickt, um den Frieden zu bringen. Hätte er mich zum Marsmenschen gemacht, dann wäre ich auf dem Mars. So *verkünde* ich mein Wissen auf der Erde.   *ridiculous / to proclaim*

SPIEGEL: Wie muß man leben, wenn man Ihnen *nachfolgen* will ?   *to follow*

MAHARADSCH DSCHI: Jeder weiß selbst, wie er zu leben hat.

SPIEGEL: Muß man arm sein ?

MAHARADSCH DSCHI: Sie können arm sein und ausflippen, und Sie können reich sein und ausflippen.

SPIEGEL: Darf man Fleisch essen?

MAHARADSCH DSCHI: Wir empfehlen, auf Fleisch zu *verzichten*.　　　to renounce

SPIEGEL: Und was ist mit Sex?

MAHARADSCH DSCHI: Das ist verschieden. Anhänger, die im Achram[1] leben, dürfen nicht. Für Leute, die eine Familie haben, gilt diese *Einschränkung* nicht.　　　restriction

SPIEGEL: Sind Drogen erlaubt?

MAHARADSCH DSCHI: Wir wollen nicht, daß die Leute Drogen nehmen.

Inhaltsfragen

1. Wie wird der Maharadsch Dschi von vielen seiner Jünger angeredet?
2. Und als was bezeichnen andere ihn?
3. Wofür hält sich der Maharadsch Dschi selbst?
4. Will der Maharadsch Dschi auch andere Planeten beglücken mit seinem Wissen?
5. Meint der Maharadsch Dschi, daß man unbedingt arm sein muß, um ihm nachzufolgen?
6. Empfiehlt er es, Fleisch zu genießen?
7. Bestehen besondere Regeln für diejenigen seiner Anhänger, die im Achram leben?
8. Wie steht der Maharadsch Dschi zur Drogenfrage?

Schriftliches

A. Vervollständigen Sie bitte die folgenden Übungssätze. (Key p. 168)

1. Der 15jährige Guru Maharadsch Dschi wurde . . . . .
2. Die Jünger des Guru reden . . . . . ; andere . . . . .
3. Der Guru glaubt sich von Gott auf die Erde geschickt, ...
4. Der Maharadsch Dschi meint, daß . . . . .
5. Er empfiehlt jedoch . . . . .
6. Die im Achram lebenden Anhänger . . . . .
7. Drogen sollen nicht . . . . .

B.

1. Geben Sie eine kurze Inhaltsangabe des Artikels.
2. Wählen Sie fünf der am Rande übersetzten Wörter und Redewendungen, und verwenden Sie dieselben jeweils in einem neuen Satz.

[1] Commune-like living arrangement for members of this sect.

Weiterbildung am Abend – das sollte kein Rückschritt für die Gesundheit sein. Mehr Vitamine halten fit: Multibionta-forte

Ein anstrengender Arbeitstag liegt hinter ihnen. Für viele hat der Feierabend längst begonnen — nicht für sie. Und nicht für die vielen anderen, die abends auch die Schulbank drücken. Weil sie an ihr Weiterkommen denken. Ihre Zukunft im Beruf. Und dabei nicht nachlassen dürfen — an Konzentration und Energie.

Um das auf die Dauer durchzuhalten muß man an seine Gesundheit denken. Abgespanntheit und Konzentrations-

schwäche können Anzeichen eines Vitamin-Mangels sein. Hochdosierte Vitamine schützen die Gesundheit und die Leistungskraft. Damit auch Sie Belastungen sicher und gesund bestehen: Multibionta-forte — für jeden harten Tag.

Multibionta-forte — in Ihrer Apotheke.

Die Vitamin-Offensive: Multibionta-forte

Steaks, Spaghetti und Folklore

SCALA INTERNATIONAL

Ausländische *Lokale* gibt es in West-Berlin wie Sand am Meer. Italie-   restaurants
nische Restaurants dominieren. Fast an jeder Ecke werden Pizza und
Spaghetti serviert. Aber auch wer spanisch oder chinesisch, mexikanisch
oder französisch *schlemmen* möchte, *hat die Qual der Wahl.* (Natürlich   to gormandize / to have the
sollte man sich nicht täuschen lassen: Nicht jedes Lokal mit wohlklin-   difficult task of choosing
gendem, fremdländischem Namen garantiert, daß dort wirklich
Exotisches zu finden ist.)

    Als Steakhaus *bezeichnet sich* das „Churrasco" am Kurfürstendamm.   to call itself
Schwach beleuchtete *holzverkleidete Nischen* vermitteln die Atmos-   wood paneled booths
phäre eines „zivilisierten Urwaldes". Auf einem Holzkohlengrill wenden
zwei Argentinier *fachmännisch* die handtellergroßen Fleischstücke,   expertly
die vakuumverpackt aus ihrer Heimat herangeflogen wurden.

    Typisch für die zahlreichen italienischen Lokale ist das „Romana"
in der Belziger Straße in Schöneberg. An *blankgescheuerten* Tischen   well-scrubbed
kann man hier die — wie viele behaupten — beste Pizza Berlins
verzehren.

    Sehr beliebt in Berlin ist die fernöstliche Küche. Es gibt allein 33
Lokale, in denen man die Speisekarte auf Chinesisch lesen kann.

    Eine östliche Rarität: „Kalkutta". Dort bekommt man sogar echt
indisches Brot, frisch gebacken und heiß serviert.

    Einen *Hauch* vom Spanien-Urlaub findet man im Restaurant   tinge, trace
„Olé". Während ihres Mahls werden die Gäste mit spanischer Folklore
und von Flamencotänzern unterhalten.

Inhaltsfragen

1. Was gibt es in West-Berlin wie Sand am Meer?
2. Welche Restaurants dominieren?
3. Wie wird das argentinische Restaurant namens „Churrasco" beschrieben?
4. Woher kommen die handtellergroßen Fleischstücke, die über Holzkohle gegrillt werden?
5. Wo kann man nach Ansicht vieler die beste Pizza Berlins verzehren?
6. Wie viele chinesische Restaurants hat Berlin?
7. Was ist die Spezialität des indischen Restaurants?
8. Was hat das „Olé" seinen Gästen als besondere Attraktion zu bieten?

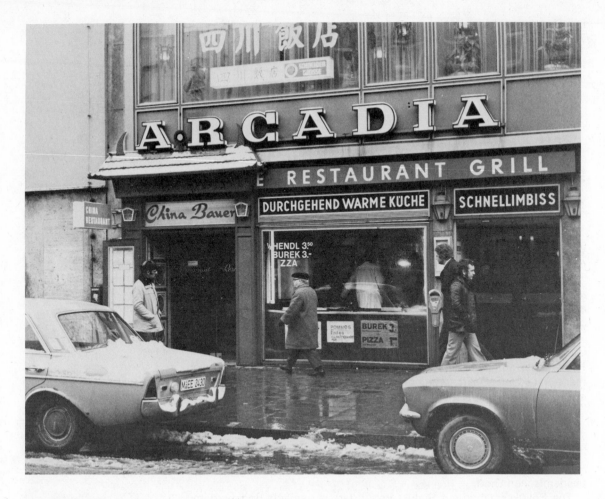

Schriftliches

A. Vervollständigen Sie bitte die folgenden Übungssätze. (Key p. 169)

1. In Berlin gibt es . . . . .
2. Pizza und Spaghetti . . . . .
3. In Berlin hat man oft die Qual der Wahl, ...
4. Das „Churrasco" am Kurfürstendamm . . . . .
5. Handtellergroße Fleischstücke werden von Argentiniern . . . . .
6. Das „Romana" ist . . . . .
7. Die beste Pizza soll man an . . . . .
8. Die fernöstliche Küche . . . . .
9. Indisches Brot findet man . . . . .
10. Die Gäste des Restaurants „Olé" . . . . .

B.

1. Geben Sie eine kurze Inhaltsangabe des Artikels.
2. Wählen Sie fünf der am Rande übersetzten Wörter und Redewendungen, und verwenden Sie dieselben jeweils in einem neuen Satz.

Soll man den Dr. machen?

Was junge Leute über akademische Titel denken

DIE ZEIT

Wer einen Doktortitel besitzt, gehört, *zumindest* in der Kleinstadt, zu den *Lokalheiligen*.

at least
local saints

So wird die arme Kreatur, die nicht mit einem akademischen Grad *aufwarten kann*, *bewußt* oder unbewußt als Mensch zweiter Klasse *abgestempelt*. Man stelle sich das vor, in unserer Zeit, in der Gleichheit großgeschrieben wird!

to have to offer / consciously
to classify

Meine Alternative: Man sollte auf seinen Titel nur noch Wert legen, wenn er einem beruflich weiterhilft. *Bestenfalls* dürfte er noch auf dem Papier oder auf dem Schild eines Arztes erscheinen. Man sollte sich nicht mit „Herr Doktor" anreden lassen, auf jeden Fall *müßte man vermeiden*, sich als solcher behandeln zu lassen.

at best

one should avoid

Andreas Nentwich, 14 Jahre

Zur Klarstellung: Es handelt sich um keinen Titel, sondern um einen akademischen Grad.

Die Politiker haben ein Statussymbol daraus gemacht und ihn damit auch zum Titel *herabgewürdigt*. Es ist doch erstaunlich, daß im letzten Jahrzehnt *geradezu* ein Run auf sogenannte Ehrendoktorate *eingesetzt* hat.

to reduce
downright / to start

Wenn jemand mit viel Arbeit sich ein *beachtliches* Wissen erwirbt, das er zum Nutzen der menschlichen Gesellschaft einsetzt, warum soll er auf die *Differenzierung verzichten*?

considerable

distinction / to renounce

Überflüssig ist meiner Meinung nach diese *zu verurteilende* Tendenz der öden *Gleichmacherei*. *Chancengleichheit* hat zu einer *laufenden* Verminderung der Leistungen geführt: Wer will noch mal, wer hat noch kein Abitur?

superfluous, unnecessary /
objectionable
leveling / equal opportunity /
constant

Herwigh Kriso, 20 Jahre

Inhaltsfragen

1. Wie werden in der Kleinstadt Leute mit einem Doktortitel betrachtet?
2. Als was werden die „armen Kreaturen" ohne Doktorgrad abgestempelt?

3. Wann sollte man auf seinen Titel Wert legen?
4. Was müßte man auf jeden Fall vermeiden?
5. Was sagt Herwigh in seinem Brief zur Klarstellung über den Doktorgrad?
6. Was hat im letzten Jahrzehnt eingesetzt?
7. Warum, glaubt Herwigh, sollte ein Akademiker nicht auf Differenzierung durch den Doktortitel verzichten müssen?
8. Was hält Herwigh für überflüssig, und wozu hat seiner Meinung nach die Chancengleichheit geführt?

Schriftliches

A. Vervollständigen Sie bitte die folgenden Übungssätze. (Key p. 169)

1. Oft werden Leute ohne einen akademischen Grad bewußt oder unbewußt als . . . . .
2. Gleichberechtigung wird . . . . .
3. Auf einen akademischen Titel sollte man nur Wert legen, ...
4. Man müßte vermeiden, ...
5. Der Doktortitel ist ein akademischer Grad. Die Politiker aber . . . . .
6. Ehrendoktorate sind im letzten Jahrzehnt . . . . .
7. Die Tendenz zur Gleichmacherei . . . . .
8. Die Chancengleichheit hat eine . . . . .

B.
1. Geben Sie eine kurze Inhaltsangabe des Artikels.
2. Wählen Sie fünf der am Rande übersetzten Wörter und Redewendungen, und verwenden Sie dieselben jeweils in einem neuen Satz.

Überraschung

FRANKFURTER ALLGEMEINE ZEITUNG

Ein junger, *unerfahrener* Briefträger hatte es sich zur Gewohnheit gemacht, an der Ecke einer *Stichstraße* seine schwere Tasche abzustellen, um mit *solcherart erleichterten* Schultern die angrenzenden acht oder zehn Häuser zu bedienen. Bei den Postsachen in der Tasche steckte auch die Geldbörse. Eines Tages fand er sie zu seinem *Entsetzen* nicht

inexperienced
dead end street
thus unburdened

horror

mehr vor — sie war gestohlen worden: zweitausend Mark, für die er voll *ersatzpflichtig* war. Die Sache sprach sich im Viertel herum, jemand nahm es in die Hand, dem Briefträger zu helfen, *verfertigte* ein Rundschreiben an die 450 Postkunden und verteilte es in die Briefkästen. Darin erklärte er den *Sachverhalt* und bat um eine *Spende*: Vier Mark einzuzahlen auf ein genanntes *Postscheckkonto* da und da bis dann und dann. *Im Handumdrehen* kamen 1 800 Mark zusammen. Zweihundert, so hatte der offenbar pädagogisch *gesonnene* Initiator geplant, sollte der Briefträger selbst bezahlen müssen als Lektion für seinen Leichtsinn. Die Postkunden rätselten, wer hier so schnell und *umsichtig* geholfen habe: ein Studienrat, ein Jurist, ein Sozialbeamter? *Gefehlt*! Es war dieser *vergammelte* Typ mit den *ausgefransten* Hosen und dem kurzen *Felljäckchen*, Schüler, achtzehn — welche Überraschung.

*legally liable
to produce*

*facts / donation
checking account with the
post office
in no time at all
inclined*

*prudently
wrong
"hippie-like" / frayed
fur jacket*

Inhaltsfragen

1. Was hatte sich der junge, unerfahrene Briefträger zur Gewohnheit gemacht?
2. Was steckte außer den Postsachen noch in der abgestellten Tasche?
3. Was mußte er eines Tages zu seinem Entsetzen feststellen?
4. Was bedeutete der Diebstahl des Geldes für den Briefträger?
5. Was sprach sich in dem Viertel herum?
6. Was stand in dem Rundschreiben an die 450 Postkunden?
7. Worauf sollte die Geldspende eingezahlt werden?
8. Welche Summe Geldes wollte der Initiator des Rundschreibens zusammenbekommen?
9. Wieviel sollte der Briefträger als Lektion für seinen Leichtsinn selber bezahlen?
10. Wer steckte hinter diesem umsichtigen Hilfsplan für den Briefträger?

Schriftliches

A. Vervollständigen Sie bitte die folgenden Übungssätze. (Key p. 169)
1. Um sich seine Last etwas zu erleichtern, stellte der junge Briefträger gewöhnlich . . . . .
2. Außer den Postsachen steckte . . . . .

3. Eines Tages stellte er zu seinem Entsetzen fest, daß . . . . .
4. Der Briefträger war für die gestohlenen . . . . .
5. Nachdem die Sache im Viertel bekannt wurde, nahm es . . . . .
6. Jeder der 450 Postkunden wurde um . . . . .
7. Das gespendete Geld sollte auf . . . . .
8. Als Lektion für seinen Leichtsinn sollte der . . . . .
9. Die Postkunden rätselten, wer . . . . .
10. Zur Überraschung aller stellte sich heraus, daß es . . . . .

B.

1. Geben Sie eine kurze Inhaltsangabe des Artikels.

2. Wählen Sie fünf der am Rande übersetzten Wörter und Redewendungen, und verwenden Sie dieselben jeweils in einem neuen Satz.

Reichlich turbulent

DER SPIEGEL

Mit *unprätentiösen* Rocktexten in deutscher Sprache paukt sich der *Schlagzeuger* und Sänger Udo Lindenberg zu Schlagererfolgen hoch. | unpretentious / drummer

In „Onkel Pö's Carnegie Hall" trinkt Udo Lindenberg, 27, nun Freibier auf *Lebenszeit*. Denn mit einem Songtext hat der Hamburger Rocksänger seine *Stammkneipe* weit über den Stadtteil Eppendorf hinaus bekannt gemacht. | for life / favorite bar

„Bei Onkel Pö spielt 'ne Rentner-Band seit 20 Jahren Dixieland" — mit dieser Zeile beginnt Lindenberg das Titelstück seiner Langspielplatte „Alles klar auf der Andrea Doria", die vier Monate nach ihrem Erscheinen schon rund 30 000 mal verkauft worden ist. Nach dem Starterfolg seines „Panik Orchesters" im Januar — sieben *überwiegend* ausverkaufte Konzerte — scheint auch die weitere Lindenberg-Karriere klar: Westdeutschlands Rundfunksender spielen *zunehmend* seine *schnodderigen* Songs; die Plattenfirma Teldec erwartet von seiner jüngsten Single „Candy Jane" einen „sicheren 200 000er". | mainly / increasingly / irreverent

Von *derlei* lukrativer Popularität konnten deutsche Rockmusiker *bislang* nur träumen. Lindenberg ist der erste, der die *Kluft* zwischen Rock-Underground und *Schlagermarkt* in der Bundesrepublik mit deutschen Songtexten zu *überwinden* beginnt. | such / as yet / gap / hit-song market / to overcome

Inhaltsfragen

1. Wer ist Udo Lindenberg?
2. Warum bekommt er Freibier auf Lebenszeit?
3. Was ist Freibier auf Lebenszeit?
4. Beschreiben Sie den Erfolg der Langspielplatte „Alles klar auf der Andrea Doria".
5. Was wird von den westdeutschen Rundfunksendern zunehmend gespielt?
6. Erwartet man einen großen Erfolg von seiner jüngsten Platte „Candy Jane"?
7. Wovon konnten deutsche Rockmusiker bislang nur träumen?

Schriftliches

A. Vervollständigen Sie bitte die folgenden Übungssätze. (Key p. 169)

1. Der Schlagersänger Udo Lindenberg ist . . . . .
2. Weil er mit einem Songtext seine Stammkneipe bekannt gemacht hat, ...
3. Von seiner Platte „Alles klar auf der Andrea Doria" waren . . . . .
4. Fast alle seiner sieben Konzerte . . . . .
5. Mehr und mehr werden seine schnodderigen Songs . . . . .
6. Mit deutschen Songtexten versucht Udo Lindenberg, ...

B.

1. Geben Sie eine kurze Inhaltsangabe des Artikels.
2. Wählen Sie fünf der am Rande übersetzten Wörter und Redewendungen, und verwenden Sie dieselben jeweils in einem neuen Satz.

Wer arm ist, bekommt weniger Recht

Alle Bürger müssen gleiche Chancen vor Gericht haben

DIE ZEIT

Als kürzlich Polizeibeamte befragt wurden, ob alle *Angeklagten* vor Gericht gleiche Chancen hätten, *äußerten* 83 Prozent die *Ansicht,* daß reiche Leute vor Gericht in der Regel besser davonkommen; nur 11 Prozent waren anderer Meinung. [defendants / to express the opinion]

Ähnlich war das Ergebnis, zu dem eine *Untersuchung* kam, die sich mit der *Chancengleichheit* im Zivilprozeß befaßte. Wer Geld hat, bekommt am Ende recht; wozu Prozesse führen, wenn man schließlich doch verliert? Das ist, *auf einen kurzen Nenner gebracht,* die *vorherrschende* Einstellung, wenn man mit Arbeitern oder kleinen Angestellten oder Beamten darüber spricht, weshalb sie lieber Unrecht hinnehmen als daran denken, die *Gerichte anzurufen.* [study / equal chances / in a nutshell / predominant / to apply to the courts]

Haben alle Bürger gleiche *Möglichkeiten,* die Gerichte anzurufen und ihren Schutz *in Anspruch zu nehmen?* Heute muß diese Frage klar verneint weden; wie sich zeigt, aus mehreren Gründen. Hemmend wirkt sich schon die *Kostenschranke* aus. Prozesse kosten Geld, und wer nicht gerade *gut betucht ist,* muß es sich zweimal überlegen, ob er sich in eine gerichtliche Auseinandersetzung mit einem finanzstarken Prozeßgegner einlassen soll. Eine *vermögende* Partei kann sich auch [possibilities / to claim / cost barrier / to be well off / wealthy] gute *Rechtsanwälte* nehmen und private *Gutachter* zu deren Unterstützung.

    Viele Bürger *erdulden* Unrecht, weil sie ihre Rechte nicht kennen oder nicht wissen, wie sie diese *durchsetzen* können. Der Zugang zum Recht und zur *Rechtspflege* muß den Bürgern auch durch verbesserte Information und aufklärende Maßnahmen des Staates erleichtert werden.

attorneys / expert witnesses

to suffer
to secure
administration of justice

Inhaltsfragen

1. Was äußerten kürzlich Polizeibeamte, als sie befragt wurden, ob alle Angeklagten vor Gericht gleiche Chancen hätten?
2. Wie steht es mit der Chancengleichheit im Zivilprozeß?
3. Was ist die vorherrschende Einstellung von Arbeitern, kleinen Angestellten oder Beamten?
4. Welche Frage muß heute klar verneint werden?
5. Welche Rolle spielt Geld in dieser Frage der Chancengleichheit vor dem Recht?
6. Welcher andere Grund führt dazu, daß viele Bürger Unrecht erdulden?
7. Was sollte der Staat tun, um den Bürgern den Zugang zum Recht und zur Rechtspflege zu erleichtern?

Schriftliches

A. Vervollständigen Sie bitte die folgenden Übungssätze. (Key p. 170)
1. Von einer Anzahl von Polizeibeamten, die kürzlich befragt wurden, äußerten 83 Prozent die Ansicht, daß . . . . .
2. Eine Untersuchung über die Chancengleichheit im Zivilprozeß kam ebenfalls zu dem Ergebnis, daß . . . . .
3. Die Einstellung, daß der Arme weniger Recht bekommt als der Reiche, findet man oft bei . . . . .
4. Nicht alle Bürger haben die gleiche Möglichkeit, die Gerichte anzurufen, weil . . . . .
5. Eine finanzstarke Partei kann sich bei einem Rechtsstreit gute . . . . .
6. Unkenntnis ihrer Rechte und wie sie sie durchsetzen können, ist oft ein Grund, weshalb . . . . .

B.

1. Geben Sie eine kurze Inhaltsangabe des Artikels.
2. Wählen Sie fünf der am Rande übersetzten Wörter und Redewendungen, und verwenden Sie dieselben jeweils in einem neuen Satz.

„Ich singe alles, was schön ist"

DER SPIEGEL

Die ehrgeizigste Schallplatten-Produktion eines einzelnen Sängers kommt auf den Markt: Opernstar und TV-Liebling Hermann Prey hat aus acht Jahrhunderten für 27 Langspielplatten gesungen.

Das *Unternehmen läuft* seit drei Jahren. Im März 1971 betrat er zum ersten Mal das Bavaria-Musikstudio und begann das längste Solo der Schallplatten-Geschichte.   *endeavor / to be under way*

Seitdem hat der Bariton Hermann Prey, 44, *rund* 800 Stunden „auf derselben Stelle gestanden" und sich, „den Mund immer in der gleichen Richtung zum Mikrophon", „meinen *Herzenswunsch*" erfüllt: ein Riesen-Potpourri aus deutschem *Liedgut* auf Schallplatten zu singen.   *approximately*   *heart's desire*   *treasury of songs*

Begleitet von Laute und Mandoline, *Gamben* und Geigen, Orgel, *Cembalo, Hammerklavier* und neun Pianisten aus fünf Ländern, besang er „die Erbaulichen Gedanken eines Tabakrauchers" und das „Lob der Faulheit", den „Gottessohn auf Golgatha" und das „Heidelberger Faß", den Floh, Prinz Eugen und „mei Maidle" mit dem „G'sichtle".   *to accompany / viola da gamba*   *harpsichord / clavichord*

Schon sind rund 500 Lieder aus acht Jahrhunderten *auf Band.* Schon ist die erste von vier Kassetten der „Lied-Edition Prey" mit 83 Nummern im Handel.   *on tape*

Inhaltsfragen

1. Was hat der Opernstar und TV-Liebling Hermann Prey gesungen?
2. Wann begann der Opernstar Hermann Prey mit dem längsten Solo der Schallplatten-Geschichte?
3. Was nennt Hermann Prey selbst seinen „Herzenswunsch"?
4. Wie viele Stunden hat der Sänger bisher „auf derselben Stelle gestanden"?

5. Von welchen Musikinstrumenten hat sich der Sänger bei seinem Gesang begleiten lassen?
6. Wie heißen einige der Liedtitel?
7. Wie viele Lieder sind bereits auf Tonband aufgenommen?
8. Wie viele Jahrhunderte umspannt das aufgenommene Liedgut?

Schriftliches

A. Vervollständigen Sie bitte die folgenden Übungssätze. (Key p. 170)
1. Hermann Prey singt . . . . .
2. Seit drei Jahren . . . . .
3. Hermann Prey stand . . . . .
4. Sein Herzenswunsch war es, ...
5. 500 Lieder aus acht Jahrhunderten . . . . .
6. Vier Kassetten der „Lied-Edition Prey" . . . . .

B.
1. Geben Sie eine kurze Inhaltsangabe des Artikels.
2. Wählen Sie fünf der am Rande übersetzten Wörter und Redewendungen, und verwenden Sie dieselben jeweils in einem neuen Satz.

Man trägt wieder Pferd

Die Zahl der Reitvereine hat sich in den letzten Jahren verdoppelt

SCALA INTERNATIONAL

Das Pferd ist groß *in Mode gekommen* in der Bundesrepublik Deutschland. Nicht etwa als Helfer bei städtischen Transportunternehmen und Brauereien. Auch nicht als Zugtiere auf dem Bauernhof, hier sind sie ebenfalls eine Rarität geworden. Aber Pferde auf dem Bauernhof als *Zuchttiere* — das ist die große *Verdienstmöglichkeit* für viele Landwirte geworden. Denn *Hengste* und *Stuten* sind das einzige landwirtschaftliche Produkt, dessen Preis in den letzten Jahren immer weiter gestiegen ist.

    Deshalb haben sich zahlreiche Landwirte — und nicht nur sie — in den letzten Jahren ganz auf die *Pferdezucht* verlegt. Vergleichszahlen sprechen hier die deutlichste Sprache: 1954 gab es in der Bundesrepublik noch 1 171 000 Pferde, 1960 waren es nur noch 814 000, und 1970 war der *Tiefstand* mit 262 000 erreicht. Aber dann ging es wieder

to come into fashion

studhorses / possible source of income
studs / mares

horse breeding

lowest point

aufwärts: 1971 schon 265 000 und 1972 bereits knapp 300 000. Am deutlichsten zeigt sich der Anstieg bei den noch nicht einjährigen *Fohlen* von 15 300 im Jahre 1960 auf 26 700 im Jahre 1972. Die Zahl der ein- bis dreijährigen Pferde hat sich *insgesamt* zwischen 1962 und 1972 sogar verdoppelt.

    Ist Reiten also ein Volkssport geworden? Ein Volkssport für den, der die einmalige *Anschaffung* der Kleidung und des *Zubehörs* nicht *scheut*, der keine „goldenen Schleifen" bei Turnieren erringen will, sondern allein darauf aus ist, die Freizeit ein bißchen anders als andere, eben im Sattel, zu verbringen. Nebenbei *hat sich* auch *herausgestellt*, daß Reiten als Therapie bei Spastikern, bei *verhaltensgestörten* Kindern und zur *Nachbehandlung* von Infarkten ideal geeignet ist.

    Wenn ein Reitersmann nur durchschnittliche *Ergebnisse* im Leistungssport erzielen will, dann muß er wenigstens 4 000 Mark für ein Pferd *anlegen*. Darum wird der Kreis der *Leistungssportler* auch stets klein bleiben, für die vielen anderen aber ist das Reiten, lange Zeit als snobistisch verschrien, heutzutage „in" — ein echter Volkssport.

Margin glosses:
- foals
- altogether
- acquisition / accessories
- to shy away from
- has been found
- behavior-disturbed
- follow-up treatment
- results
- to invest / professionals

Inhaltsfragen

1. Was ist wieder groß in Mode gekommen in der Bundesrepublik?
2. Wo werden Pferde heutzutage nicht mehr als Helfer verwandt?
3. Was ist für viele Landwirte eine große Verdienstmöglichkeit geworden?
4. Was beweisen die Vergleichszahlen im Hinblick auf die Pferdezucht?
5. Für welche Leute ist das Reiten zu einer Art Volkssport geworden?
6. Kann das Reiten außer der rein sportlichen auch noch eine andere Bedeutung haben?
7. Wieviel Geld muß ein Reitersmann anlegen, wenn er nur durchschnittliche Ergebnisse im Leistungssport erzielen will?
8. Warum wird der Kreis der Leistungssportler im Reiten stets klein bleiben?

Schriftliches

A. Vervollständigen Sie bitte die folgenden Übungssätze. (Key p. 170)
1. In der Bundesrepublik ist das Pferd . . . . .
2. Das Pferd hilft heute nicht bei . . . . .

3. Für viele Landwirte ist das Pferd als Zuchttier . . . . .
4. Der Preis für Hengste und Stuten ist . . . . .
5. Die Zahl der einjährigen Fohlen ist von . . . . .
6. Für den, der Anschaffung von Kleidung und Zubehör nicht scheut, ist . . . . .
7. Für Spastiker ist das Reiten . . . . .
8. 4 000 DM muß man für ein Pferd anlegen, wenn man . . . . .

B.
1. Geben Sie eine kurze Inhaltsangabe des Artikels.
2. Wählen Sie fünf der am Rande übersetzten Wörter und Redewendungen, und verwenden Sie dieselben jeweils in einem neuen Satz.

Diskussionsthemen

Bereiten Sie sich auf Klassendiskussionen über folgende Themen vor:

1. Was sind Ihres Erachtens die Gründe für das wiedererwachte Interesse an Religion und Glauben in Deutschland und den USA?

2. In manchen europäischen Ländern ist es heute noch üblich, akademische Grade und Berufsbezeichnungen zum Teil des Familiennamens zu machen. Was halten Sie von dieser Sitte?

3. Worin liegen Ihrer Meinung nach die Nachteile des amerikanischen Rechtssystems?

4. Wovon hängt Ihres Erachtens die wechselnde Popularität bestimmter Stile in der Unterhaltungsmusik ab?

Humor

DIE ZEIT

„Katastrophe! Meine Aktien waren vor kurzem noch fünfhundert Mark wert und jetzt nur noch fünf Mark!"

„Ein Glück, daß du so viele davon hast", meint die Gattin.

Ein Schotte, der umgezogen ist, lädt seinen Freund zur Wohnungsbesichtigung ein. Etwas irritiert fragt der Gast: „Warum hast du denn die Tapeten mit Heftzwecken befestigt, anstatt sie anzukleben?"

„Weil ich schlau bin, mein Lieber, oder glaubst du vielleicht, daß ich nie im Leben wieder umziehe?"

Eine Dame steht als Zeugin vor Gericht. „Sind Sie verheiratet?" fragt sie der Richter.

„Ich bin Witwe, war aber zweimal verheiratet."

„Wie alt sind Sie?"

„Achtundzwanzig", erwidert sie.

Die reiche Witwe hat einen sehr jungen, attraktiven Mann geheiratet. Auf die Frage, wie sie das geschafft habe, meint sie: „Ganz einfach, ich bin jetzt fünfzig Jahre alt, und ich habe ihm gesagt, ich sei fünfundsiebzig!"

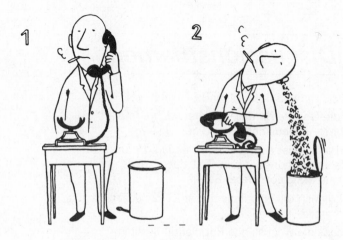

v Menschen und Zeit

5-A

Das Leben der Gastarbeiter

Die Bundesrepublik Deutschland ist kein *Einwandererland* (country of immigrants). Trotzdem hat das sogennante „Wirtschaftswunder" stark dazu beigetragen, daß Millionen Menschen jährlich im Bundesgebiet Arbeitsplätze suchen, die in ihrer eigenen Heimat *nicht zur Verfügung stehen* (are not available). Meistens stammen diese Arbeiter aus südlichen Ländern wie Griechenland, Spanien, Italien oder der Türkei.

Laut offizieller Statistik erreichte die Bundesrepublik die Höchstzahl an ausländischen Arbeitnehmern 1973, als man insgesamt mehr als 2,5 Millionen Gastarbeiter zählte. Seitdem hat sich diese Zahl etwas reduziert, vor allem wegen der *ökonomischen Flaute* (economic recession): tausende von arbeitslosen Deutschen mußten dann selbst die Hilfe der Arbeitsämter (5-B) in Anspruch nehmen.

Nach wie vor bleiben jedoch die Fremdarbeiter für die westdeutsche Wirtschaft unentbehrlich. Mit oder ohne Wirtschaftsblüte bleiben Italienerinnen in einer Schokoladenfabrik bei Köln beschäftigt (5-C). In Kamen, Westfalen, hat man eine Sonderschule für Kinder türkischer Arbeitnehmer eingerichtet (5-D). Die Arbeitsgemeinschaft der Rundfunkanstalten Deutschlands (ARD) strahlt seit 1964

5-C

5-D

5-E

Sonderprogramme für die Gastarbeiter aus.

Sprachschwierigkeiten, Unterschiede im Lebensstil und hauptsächlich sein meistens zeitlich begrenzter Aufenthalt in der Bundesrepublik machen es dem Gastarbeiter nicht gerade einfach, sich der deutschen Lebensart anzupassen. Nicht selten zählen Südländer die Tage, die sie bis zur Rückkehr in die Heimat in Deutschland bleiben müssen (5-E). Wenn sie allerdings die Heimreise antreten, nehmen sie oft vieles mit, das man in der Heimat nicht ohne weiteres hätte kaufen können (5-F).

Solange aber die verschiedenen Nationalitäten in Deutschland

bleiben, versuchen sie ihre eigenen Lebensarten, ihre eigenen
Sitten und sogar ihre eigenen
Eßgewohnheiten (5-G) aufrecht-
zuerhalten. Von einer echten
Eingliederung der Gastarbeiter in
die deutsche Gesellschaft kann in
den meisten Fällen keine Rede
sein. ∎

5-F

5-G

Inhaltsfragen

1. Aus welchen Ländern stammt die Mehrzahl der Gastarbeiter in der Bundesrepublik?
2. Wann erreichte Westdeutschland die Höchstzahl an ausländischen Arbeitnehmern?
3. Warum hat sich seitdem diese Zahl etwas reduziert?
4. Sind trotzdem heute die Fremdarbeiter für die westdeutsche Wirtschaft unentbehrlich?
5. Wie haben die Rundfunkanstalten Deutschlands versucht, den Gastarbeitern zu Hilfe zu kommen?
6. Welche Umständen machen es dem Gastarbeiter schwer, sich am deutschen Lebensstil anzupassen?

Diskussionsthemen

1. Wie hat das ,,Wirtschaftswunder'' dazubeigetragen, ausländische Arbeitnehmer nach Deutschland heranzuziehen?
2. Was wäre Ihrer Meinung nach der Hauptunterschied zwischen einem Gastarbeiter in Deutschland und einem Einwanderer in den Vereinigten Staaten?
3. Warum suchen trotz allen Schwierigkeiten ausländische Arbeitnehmer einen Arbeitsplatz in der Bundesrepublik?

Aufsatzthemen

Schreiben Sie einen kurzen Aufsatz über eines der folgenden Themen:

1. Warum kann man nicht von einer echten Eingliederung der Gastarbeiter in die deutsche Gesellschaft reden?
2. Gastarbeiter in Deutschland und Einwanderer in Amerika: Ähnlichkeiten und Unterschiede.

Sears Hochhaus

Ein Klima für Super-Wolkenkratzer

Bericht aus Chicago

FRANKFURTER ALLGEMEINE ZEITUNG

Chicago 1973: *Stumme* Riesen wachsen in den Himmel. Von den fünf höchsten Gebäuden der Welt stehen nun drei in der großen Stadt des Mittelwestens. Dort, wo vor hundert Jahren das moderne Bürohochhaus erfunden wurde, baut man im selben *Geiste* jetzt Superwolkenkratzer, als Zeichen wirtschaftlicher Kraft.

Als Heinrich Schliemann 1867 nach Chicago kam, *staunte* er über große Gebäude, über den Verkehr, über eine Schule mit Koedukation, über den *Getreideumschlagplatz* der Prärien. Er erfuhr, daß man einige Jahre zuvor alle Gebäude der Stadt um zwei Meter aus dem *Schlamm* herausgehoben hatte. Er ahnte noch nicht, daß bald darauf dieses Chicago vom Feuer zerstört würde (1871) — und daß es dann erst recht mit seiner *unbändigen* Kraft drauflosbauen würde, generationenlang.

(Randglossen:)

silent

spirit

to be amazed

center of grain distribution
mud

tremendous (unruly)

Nur zwischen 1935 und 1954 war *Flaute*. Seitdem kam eine neue Bauperiode in Schwung, die nun ihren ersten Höhepunkt erreicht. *stagnation*

Das Hochhaus der Firma Sears, Roebuck und Co. in Chicago hat vor einigen Wochen seine volle Höhe erreicht: 110 *Geschosse*, 443 Meter. Die Spitze des daraufgestellten *Fernsehmastes* wird die 600-Meter-Marke fast erreichen. Damit ist das World Trade Center in New York, noch bevor es eröffnet ist, um 30 Meter *überflügelt*. *floors* *TV antenna* *to surpass*

Inhaltsfragen

1. Wo stehen drei der fünf höchsten Gebäude der Welt?
2. Wo wurde vor 100 Jahren das moderne Hochhaus erfunden?
3. Worüber staunte Heinrich Schliemann, als er im Jahre 1867 nach Chicago kam?
4. Was wurde ihm über die Gebäude der Stadt erzählt?
5. Was ereignete sich nach der Flaute zwischen 1935 und 1954?
6. Was wird vom Sears-Roebuck-Hochhaus berichtet?
7. Welcher Wolkenkratzer in New York ist durch den Sears-Roebuck-Riesen überflügelt worden?

Schriftliches

A. Vervollständigen Sie bitte die folgenden Übungssätze. (Key p. 170)

1. Drei der fünf höchsten Gebäude der Welt . . . . .
2. Als Zeichen wirtschaftlicher Kraft werden in . . . .
3. Bei seinem Besuch in Chicago 1867 staunte Heinrich Schliemann über . . . .
4. Man berichtete ihm, daß alle Gebäude der Stadt . . . .
5. Im Jahre 1871 wurde Chicago . . . . .
6. Zwischen 1935 und 1954 wurde . . . . .
7. Das Hochhaus der Firma Sears, Roebuck und Co. in Chicago hat . . . .
8. Zusammen mit dem Fernsehmast erreicht es eine Höhe von 600 Metern und überflügelt . . . . .

B.

1. Geben Sie eine kurze Inhaltsangabe des Artikels.
2. Wählen Sie fünf der am Rande übersetzten Wörter und Redewendungen, und verwenden Sie dieselben jeweils in einem neuen Satz.

Technologie für junge Staaten

SCALA INTERNATIONAL

Die *Entwicklungsländer* brauchen eine Technologie, die wenig *Kapitalaufwand erfordert*, aber viele Arbeitsplätze *bietet*. Produkte und *Produktionsverfahren* der Industrieländer können nicht einfach übertragen werden, sie müssen den *Bedürfnissen* der Dritten Welt *angepaßt* werden. Die Bundesrepublik Deutschland will diese Entwicklung *fördern*. Das Bundesministerium für wirtschaftliche Zusammenarbeit hat in der deutschen Wirtschaft über 400 Firmen und mehr als 200 Produkte *ermittelt*, die einer solchen spezifischen Technik für die jungen Staaten *entsprechen*. Darüber hinaus will die Bundesrepublik Deutschland ein wissenschaftliches Institut für Entwicklungsländer-Technologie *gründen*.

developing countries / capital investment / to require / to offer / production processes
needs / to adapt

to encourage

to discover, to ascertain
to suit

to found

Inhaltsfragen

1. Was will die Bundesrepublik Deutschland gründen?
2. Welche Art Technologie brauchen die Entwicklungsländer?
3. Was muß den Bedürfnissen der Dritten Welt angepaßt werden?
4. Was hat das Bundesministerium für wirtschaftliche Zusammenarbeit ermittelt?

Schriftliches

A. Vervollständigen Sie bitte die folgenden Übungssätze. (Key p. 171)

1. Eine Technologie, die wenig Kapital erfordert und viele Arbeitsplätze bietet, wird . . . . .
2. Die Verhältnisse in den Entwicklungsländern erfordern, daß . . . . .
3. Diese Entwicklung wird . . . . .
4. 400 Firmen und 200 Produkte, die der von den jungen Staaten benötigten Technik entsprechen, sind . . . . .
5. Ein Institut für Entwicklungsländer-Technologie . . . . .

B.

1. Geben Sie eine kurze Inhaltsangabe des Artikels.
2. Wählen Sie fünf der am Rande übersetzten Wörter und Redewendungen, und verwenden Sie dieselben jeweils in einem neuen Satz.

Einleben in „downtown"

Ein Brief aus Toronto

FRANKFURTER ALLGEMEINE ZEITUNG

Liebe Barbara, hab ich mich *eingelebt* hier? Als ich herkam, war hier alles grau, grau, grau, Steine, *Beton*, brauner Rasen, *zerfressen* vom Salz, *kahle* Baumspitzen, schwarze Schneereste an Straßenrändern, kalt, oft neblig. Tag und Nacht bei *künstlichem* Licht in der Eisschrankatmosphäre des Airconditioning. Nikolaus und ich verbringen die Tage auf dem grau-braunen Balkon zwischen Häuserwänden — Blick auf das grüne Wasser des Swimming-pools gegenüber, wo die blonden Bikini-Frauen sich *aalen* und dunkellockige Jünglinge high life machen.

Toronto the city: Die Dimensionen kann man *erahnen*, wenn man im amerikanischen *Riesenschlitten* (5,30 m lang, dunkelgrün, Plymouth 1966, 50 000 Meilen, 1 000 Dollar) über die Stadtautobahnen *rauscht*, *achtspurige* Superstraßen, gleich zwei oder drei nebeneindander, übereinander, da fährt man *lässig* liegend bei Pop-Musik über 100 km.

So geht es am See entlang. Der schimmert am Abend wunderbar. Aber er ist *verdreckt* — tote Fische schwimmen am Ufer, und die Fabrikschornsteine rauchen.

Wir wohnen mitten in „downtown". In ein paar Jahren wird das Leben hier mit Kindern unmöglich sein, die Stadt *verdichtet sich zusehends*, die „Türme" werden immer höher. Unserer hat 21 Stockwerke. Auf der Nordseite ist eines der höchsten Wohnhäuser Nordamerikas im Bau — ein 50stöckiges Haus. Die Riesenbaustelle ist mein Schrecken. Mehrere Superkräne und 10 oder 20 Bagger schaffen gleichzeitig, *zerpflügen* das *Gelände*. Ein *Irrsinnskrach*, dazu der Straßenlärm.

Aber von unserem Fenster aus sehe ich Steintürme, Straßen, ein paar spitze, grüne Dächer, neugotische Sandsteinarchitektur verschiedener Colleges, Baumkronen des Queensparks, graue Betonklötze, *Klötze*, Klötze, ganz unten ein Stück vom See, Himmel.

Glosses (margin):
- to adjust to new surroundings
- concrete /
- to corrode
- bare, leafless
- artificial
- to bask in the sun
- to guess
- big car
- to glide along
- with eight lanes
- leisurely
- polluted
- to grow more and more crowded
- to dig up / ground / tremendous noise
- blocks

Inhaltsfragen

1. Wie war es in Toronto, als die Briefschreiberin dort ankam?
2. Wohin blicken Nikolaus und die Briefschreiberin von ihrem Balkon aus?
3. Was ist in dem Brief mit „Riesenschlitten" gemeint?
4. Wie werden die „Superstraßen" beschrieben?

5. Was trifft für den See zu, an dem Toronto liegt?
6. Warum glaubt die Briefschreiberin, daß das Leben mit Kindern in ein paar Jahren in Toronto unmöglich sein wird?
7. Warum ist die Baustelle auf der Nordseite ihres Wohngebäudes ein Schrecken für die Briefschreiberin?
8. Was sieht sie von ihrem Fenster aus?

Schriftliches

A. Vervollständigen Sie bitte die folgenden Übungssätze. (Key p. 171)

1. Als die Briefschreiberin nach Toronto kamin, ...
2. Es war auch . . . . .
3. Von ihrem Balkon aus sehen Nikolaus und die Briefschreiberin einen Swimming-pool, wo . . . . .
4. Der amerikanische „Riesenschlitten", von dem hier die Rede ist, ist . . . . .
5. Die Stadtautobahnen sind . . . . .
6. Tote Fische schwimmen am Ufer des Sees, der . . . . .
7. Das Leben in „downtown" wird . . . . .
8. Die Baustelle des 50stöckigen Wohnhauses ist für die Briefschreiberin . . . . .
9. Auf dem Baugelände schaffen gleichzeitig . . . . .
10. Vom Fenster ihrer Wohung können Nikolaus und die Briefschreiberin . . . . .

B.

1. Geben Sie eine kurze Inhaltsangabe des Artikels.

2. Wählen Sie fünf der am Rande übersetzten Wörter und Redewendungen, und verwenden Sie dieselben jeweils in einem neuen Satz.

Die Wüste wächst

DER SPIEGEL

Hat ein Klima-*Umschwung* die Hungersnot in Afrika verursacht? Tatsache ist: Die regenspendenden Monsune dringen nicht mehr weit genug nach Norden vor. — change

Das Gebiet, doppelt so groß wie die Staaten Westeuropas, wurde *abgeholzt* und *brandgerodet*. Der Boden *verkrustete* und wurde unfruchtbar. Ziegen fraßen die *dürftige* Pflanzendecke kahl, *Rinderhufe* trampelten nieder, was im Umkreis der Brunnen an *Ackerkrume* übriggeblieben war. Dann kam die Trockenheit. — to deforest / to clear an area by fire / to become incrusted / scanty / cattle hooves / surface soil

So beschrieben Experten bisher die Ursachen für die *Dürrekatastrophe* am Südrand der Sahara. Kritiker aus den *betroffenen* Gebieten hingegen sehen es anders: Die Hungersnot in der *Sahel-Zone*[1] glauben sie, sei die Folge einer *Raubbau*-Politik, die von den einstigen Kolonialmächten und später von den Sahel-Regierungen *betrieben* worden sei. — drought / affected / policy of wasteful exploitation / to pursue

Unbestritten ist: Die Wüste wächst, die Menschen leiden. Um 48 Kilometer ist die Sahara im letzten Jahr an manchen Stellen schon nach Süden vorgerückt. Sechs Millionen *nomadisierende* Viehzüchter leiden Hunger. 24 Millionen Menschen in Mauretanien, Senegal, Mali, Obervolta, Niger und Tschad sind vom Hungertod bedroht. — it is undeniable / nomadic

Nun aber haben *sich*, neben Agronomen und Entwicklungsspezialisten, auch die Meteorologen und Klimaforscher *in* die Sahel-Diskussion *eingeschaltet*. Sie haben einen weiteren Grund für die Katastrophe *ausgemacht*: das sich verändernde Welt-Klima. — to enter in / to determine, to find

Welche Kräfte den Monsun auf seinem Weg nach Norden *bremsen*, und ob der Klimawandel *von Dauer* sei oder nicht, das vermochten auch die Wetterforscher in New York nicht zu beantworten. Sicher scheint nur, daß die Trockenheit in den Monsunländern mit Veränderungen in den *gemäßigten Breiten* und in den nördlichen Kälteregionen einhergeht. — to stop, to interfere with / permanent / temperate zones

[1] Sahel = Arabic for "coast": transition area between the desert and the steppe.

Inhaltsfragen

1. Wohin dringen die regenspendenden Monsune nicht mehr vor?
2. Was ist möglicherweise der Grund für die Hungersnot in Afrika?
3. Wo liegt das Gebiet der Dürrekatastrophe?
4. Was geschah mit dem Boden?
5. Was taten Ziegen und Rinder?
6. Wie groß war das Gebiet, das abgeholzt und brandgerodet wurde?
7. Was glauben Kritiker aus den betroffenen Gebieten im Gegensatz zu den Experten?
8. Was ist unbestritten?
9. Was hat sich mit der Sahara im letzten Jahr ereignet?
10. In welcher Gefahr schweben die Bewohner der Länder in der Sahel-Zone?
11. Wer hat sich nun auch in die Sahel-Diskussionen eingeschaltet?
12. Was ist ein weiterer möglicher Grund für die Dürrekatastrophe?
13. Was vermochten auch die Wetterforscher in New York nicht zu beantworten?
14. Womit scheint die Trockenheit in den Monsunländern einherzugehen?

Senegal

Schriftliches

A. Vervollständigen Sie bitte die folgenden Übungssätze. (Key p. 171)

1. Es ist eine Tatsache, daß . . . . .
2. Das abgeholzte und brandgerodete Gebiet war . . . . .
3. Was im Umkreis der Brunnen an Ackerkrume übriggeblieben war, ...
4. Kritiker sehen die Ursachen der Hungersnot in der Sahel-Zone . . . . .
5. Die einstigen Kolonialmächte, und später die Sahel-Regierungen, sollen . . . . .
6. Im Süden ist die Sahara im . . . . .
7. Kürzlich sind auch Metereologen und Klimaforscher in . . . . .
8. Als eine weitere mögliche Erklärung für die Katastrophe wird . . . . .
9. Die New Yorker Wetterforscher vermögen jedoch nicht zu beantworten, ...
10. Es scheint jedoch sicher, daß auch in den gemäßigten Breiten und . . . . .

B.

1. Geben Sie eine kurze Inhaltsangabe des Artikels.
2. Wählen Sie fünf der am Rande übersetzten Wörter und Redewendungen, und verwenden Sie dieselben jeweils in einem neuen Satz.

Eine Schule, die noch Abenteuer bietet

Kurzschule Baad der Deutschen Gesellschaft für Europäische Erziehung

SCALA INTERNATIONAL

Die *Kurzschule* Baad im Kleinwalsertal[1] ist eine der drei Kurzschulen, die von der Deutschen Gesellschaft für Europäische Erziehung *getragen werden*. *Vorsitzender* ist Professor Helmut Becker, Direktor des Max-Planck-Institutes für Bildungsforschung. Die erste deutsche Kurzschule begann 1952 in Weißenhaus an der Ostsee mit ihrer Arbeit, nach dem *Vorbild* der Outward-Bound-Schools in England, die von dem nach dort emigrierten deutschen Pädagogen Kurt Hahn gegründet wurden. 1956 entstand die Kurzschule Baad, 1968 eine zweite Bergschule in Berchtesgaden.

short-term school
to sponsor
president

example, model

[1] Valley in the Alps.

In den Kursen wird hier jungen Leuten *Gelegenheit* gegeben, *sich* in der *Bewältigung* bestimmter Aufgaben zu üben und zu *bewähren*. Es ist selbstverständlich, ja sogar erwünscht, daß Menschen jeder sozialen *Herkunft*, jeder politischen und religiösen Bindung, jeder Nationalität oder Hautfarbe hierherkommen. Gerade diese Mischung ist die beste *Voraussetzung* für ein lebendiges, intensives Gruppenleben, für kritische und zugleich selbstkritische Mitarbeit, gegenseitiges Kennen- und Achtenlernen.

> opportunity / to prove oneself accomplishment
>
> origin, background
>
> prerequisite

Die Hilfe für den Nächsten und die Rettung des Mitmenschen aus Not und Gefahr stehen an zentraler Stelle in der Arbeit der Kurzschulen.

Inhaltsfragen

1. Von wem wird die Kurzschule Baad im Kleinwalsertal getragen?
2. Nach welchem Vorbild begann die erste deutsche Kurzschule 1952 in Weißenhaus?
3. Wie heißt der deutsche Pädagoge, der die Outward-Bound-Schools in England gründete?
4. Wozu haben junge Leute in diesen Schulen Gelegenheit?
5. Was ist in diesen Schulen die beste Voraussetzung für ein intensives, lebendiges Gruppenleben?
6. Was steht in diesen Schulen an zentraler Stelle?

Schriftliches

A. Vervollständigen Sie bitte die folgenden Übungssätze. (Key p. 171)
1. Die Kurzschule Baad wird . . . . .
2. Die Schule liegt . . . . .
3. In Weißenhaus an der Ostsee begann . . . . .
4. Kurt Hahn gründete . . . . .
5. Die Bergschule in Berchtesgaden . . . .
6. In Baad haben junge Leute die Gelegenheit, ...
7. Menschen jeder . . . . .
8. Im Mittelpunkt der Erziehung stehen . . . . .

B.
1. Geben Sie eine kurze Inhaltsangabe des Artikels.
2. Wählen Sie fünf der am Rande übersetzten Wörter und Redewendungen, und verwenden Sie dieselben jeweils in einem neuen Satz.

Diskussionsthemen

Bereiten Sie sich auf Klassendiskussionen über folgende Themen vor:

1. Worin, glauben Sie, liegt für viele Leute der Reiz ausländischer Restaurants?

2. Ist in der Städteplanung der Zukunft noch Raum für das Einfamilienhaus, wenn gleichzeitig Erholungsgebiete erhalten werden sollen?

3. Halten Sie Freizeitplanung für ein Problem?

4. Finden Sie, daß Ihr Schulsystem reformbedürftig ist? Kennen Sie andere Schulsysteme? Wenn ja, vergleichen Sie sie.

5. Sind Sie der Meinung, daß Probleme wie Energieversorgung und Umweltschutz international geregelt werden sollten? Welche Organisationen kämen dafür in Frage?

Gemeinsamer Unterricht für deutsche und italienische Kinder in Walsum

Humor

Germans of today

1

2

3

DIE ZEIT

Der Mann protzt in einer Gesellschaft: „Ich bin sehr stolz auf meine Söhne. Ich glaube, sie haben meinen Kopf."
„Ohne Frage, mein Lieber", unterbricht ihn die Ehefrau. „Ich besitze meinen noch."

„Wen soll ich heiraten?" fragt sie ihre beste Freundin, „den Bankier oder den Arzt?"
„Das ist schwierig! Geld oder Leben!" seufzt die andere.

Die berühmte Schauspielerin, die gefragt wird, warum sie nicht geheiratet habe, antwortet: „Ich bin für die Szene geboren, aber nicht für Szenen."

Ein Kosmetikfabrikant hat endlich einen wirkungsvollen Trick gefunden, daß Frauen die von ihm versandten Prospekte lesen. Er verschickt die Werbung für seine Produkte in rosa, stark parfümierten Briefumschlägen und adressiert sie an den Ehemann mit dem Zusatz „Persönlich".

„Ihr Vorschlag, unseren Anzeigenetat einzuschränken", meint der Fabrikant zu seinem Werbeleiter, „senkte unsere Unkosten um 50%, unseren Gewinn um 75% und Ihr Gehalt um 100%."

vi Sport

6-A

6-B

6-C

Die Fußball –
Weltmeisterschaft 1974

Alle vier Jahre treffen sich die
vermutlich ,,besten'' Nationalmannschaften aller Kontinente,
um im spannenden Wettbewerb
(6-E) einen neuen Fußball-König
unter sich zu wählen. Der Kampf
um den goldenen *Weltpokal*
(World Cup) fand 1974 in
Deutschland statt.

Sechzehn Mannschaften, in vier
Gruppen aufgeteilt, spielten in
dem Turnier mit. Die Gruppe I
bestand aus Chile, Westdeutschland, Ostdeutschland und Austra-

6-D

lien. Die zweite Gruppe bildeten
Brasilien, Jugoslawien, Zaire und
Schottland. Die Gruppe III wurde
aus Holland, Uruguay, Schweden
und Bulgarien zusammengestellt.
Zur vierten Gruppe gehörten
schließlich Haiti, Italien, Polen
und Argentinien.

Der Wettbewerb wurde in verschiedenen Städten der Bundesrepublik durchgeführt. Die erste
Gruppe spielte *abwechslungs-
weise* (alternatively) in Hamburg
und Westberlin. Die Gruppe II
zeigte ihr Können in Dortmund,

6-F

Gelsenkirchen und Frankfurt. Die Spiele der dritten Gruppe fanden in Düsseldorf und Hannover statt. Die Gruppe IV kämpfte um den Pokal in München und Stuttgart.

Nach zwei erschöpfenden *Finalrunden* (elimination rounds) blieben nur noch vier Mannschaften im Rennen: Brasilien, Holland, Polen und die Bundesrepublik. Die Endspiele (um den ersten, zweiten, dritten und vierten Platz) wurden im eindrucksvollen Münchner Olympiastadion (6-C) veranstaltet.

Das Stadion der Hauptstadt Bayerns, das für die Olympiade 1972 errichtet wurde, hat Platz für 74.200 Zuschauer. Beide Endspiele — Brasilien gegen Polen um den dritten Platz und Holland gegen die Bundesrepublik um den Sieg — waren *total ausverkauft* (completely sold out).

Im Wettkampf Brasilien gegen Polen unterlagen die Südamerikaner — dreimaliger Weltmeister — der verblüffenden Ballbeherrschung der Osteuropäer.

Im spannenden Endspiel siegte die westdeutsche Mannschaft unter der Führung des Meistertrainers Helmut Schöns (6-G) und des brillanten Kapitäns Franz Beckenbauers (6-H) über die gefürchteten Holländer.

Als die Fußball-Weltmeisterschaft am 7. Juli 1974 zu Ende ging, war die westdeutsche Elf (6-F) Weltmeister. ∎

Inhaltsfragen

1. Wie oft treffen sich die Nationalmannschaften aller Kontinente, um einen neuen „Fußball-König'' zu wählen?
2. Wieviele Mannschaften nahmen an der Weltmeisterschaft 1974 teil?
3. In wieviele Gruppen wurden diese Mannschaften aufgeteilt?
4. Wieviele europäische Länder kämpften um den Weltpokal 1974?
5. Welche Mannschaft siegte?

Diskussionsthemen

1. Unterschiede zwischen dem internationalen Fußball und dem amerikanischen *Football.*
2. Unterschiede zwischen einer Fußball-Weltmeisterschaft und der sogennanten *World Series* im amerikanischen *Baseball.*
3. Rolle der südamerikanischen Länder und der europäischen Länder in der Weltmeisterschaft 1974.

Aufsatzthemen

Schreiben Sie einen kurzen Aufsatz über eines der folgenden Themen:

1. Beitrag des Weltfußballs zur Verständigung der Völker.
2. Bedeutung der Weltmeisterschaftsspiele im Rahmen der nationalen Fußball-Turniere.
3. War jemals die USA in der Fußball-Weltmeisterschaft vertreten? Wie kam es dazu?

Schnelle Spur

DER SPIEGEL

Tempo 100 bei Ski-Abfahrten *wurde* in diesem Winter *zum Soll* für Sieger. Beim schnellsten Rennen erreichten die Fahrer sogar mehr als 120 Stundenkilometer.

to become mandatory

Jim Hunter aus Kanada ist ein *verwegener* Skirennläufer. *Bisweilen* hängt er sich *zur Gaudi* aus dem Hotelfenster heraus — nur mit einem Finger am Fensterrahmen. Doch als er die vereiste *Abfahrtspiste* vom Planai hoch über dem *steiermärkischen Schladming* sah, rief er: „Stellt zwei Helikopter zum Abtransport der Verletzten bereit."
  Dann raste er zu Tal — 3 145 Meter weit, *mittels Schnur vermessen*, und 914 Meter tief. Nach 103 Sekunden meldete das Ziel per Sprechfunk seine Ankunft. Die Konkurrenten *überschlugen*: rund 110 km/h Durchschnittsgeschwindigkeit. Drei Läufer waren noch schneller. Der Schweizer Weltmeister und Olympiasieger Bernhard Russi und sein Landsmann Roland Collombin erreichten das Ziel 30 Hundertstelsekunden rascher.

bold, daring / occasionally
for fun
downhill course
the town Schladming in Styria
measured by means of a tape
to estimate roughly

Inhaltsfragen

1. Welche Geschwindigkeit erreichten die Fahrer beim schnellsten Skirennen?
2. Wer ist Jim Hunter?
3. Was rief er, als er die vereiste Abfahrtspiste vom Planai sah?
4. Wie viele Sekunden brauchte Jim Hunter für die 3 145 Meter lange Strecke?
5. War Jim Hunter der schellste Läufer in diesem Rennen?
6. Um wie viele Sekunden waren die Schweizer Bernhard Russi und Roland Collombin schneller als Jim Hunter?

Schriftliches

A. Vervollständigen Sie bitte die folgenden Übungssätze. (Key p. 172)

1. Eine Geschwindigkeit von 120 Stundenkilometern wurde . . . . .
2. Nur so zum Spaß hängt sich der Skirennläufer Jim Hunter . . . . .
3. Der Anblick der vereisten Abfahrtspiste vom Planai veranlaßte ihn . . . . .
4. Er raste über die 3 145 Meter lange Strecke . . . . .
5. Seine Durchschnittsgeschwindigkeit . . . . .
6. Die Schweizer Bernhard Russi und Roland Collombin gelangten um . . . . .

B.

1. Geben Sie eine kurze Inhaltsangabe des Artikels.
2. Wählen Sie vier der am Rande übersetzten Wörter und Redewendungen, und verwenden Sie dieselben jeweils in einem neuen Satz.

Jubler willkommen

DER SPIEGEL

An der Fußball-Weltmeisterschaft 1974 nehmen 16 Mannschaften aus vier Kontinenten teil — keineswegs nur die besten.

Für die Favoriten beginnt der *Kampf* um die Fußball-Weltmeisterschaft 1974 erst im Juni. Drei Länder feiern schon die *Teilnahme* als größten Triumph der Fußball-Geschichte: Haiti, Trinidad und Zaire.

battle

participation

Die *stärksten* Mannschaften gibt es in Südamerika und Europa. **strongest**
In den Qualifikations-Runden müssen sie sich gegenseitig aus dem
Wettbewerb boxen: Der einstige Olympiasieger und Vizeweltmeister **competition**
Ungarn *schied* gegen den WM-Zweiten von 1958, Schweden, *aus*. **to lose, to be eliminated**
England, der Weltmeister von 1966, *scheiterte an* Polen, dem Olympia- **to be defeated by**
sieger von 1972.

Selten haben Fußball-Entwicklungsländer beim eigentlichen *WM-* **world cup competition**
Turnier Kicker-Weltmächte zu *erschüttern vermocht*. Insgeheim hoffen **soccer world powers / to**
die Veranstalter auf *Überrumpelungs-Manöver*: 1950 kickte das mit **shake, to upset / to be able**
Spielern europäischer Herkunft durchsetzte US-Team die englischen **to**
Favoriten aus dem Turnier. **surprise-maneuver**

Inhaltsfragen

1. Wie viele Mannschaften nehmen an den Fußball-Weltmeister-
   schaften 1974 teil?
2. Welche Länder feiern schon die *Teilnahme* an den Weltmeister-
   schaften als Triumph?
3. Wo gibt es die stärksten Mannschaften?
4. Welche Mannschaft verlor in den Qualifikations-Runden gegen
   Schweden?
5. Haben Fußball-Entwicklungsländer schon einmal Kicker-Weltmächte beim Weltmeisterschaftsturnier erschüttern können?
6. Was geschah 1950 während des WM-Turniers?

Schriftliches

A. Vervollständigen Sie bitte die folgenden Übungssätze. (Key p. 172)

1. 16 Mannschaften werden . . . . .
2. Haiti, Trinidad und Zaire betrachten . . . . .
3. Südamerika und Europa . . . . .
4. In den Qualifikations-Runden . . . . . .
5. Polen, der Olympiasieger von 1972, ...
6. Kicker-Weltmächte sind beim eigentlichen Turnier . . . . . .
7. 1950 gelang es dem US-Team, die . . . . .

B.

1. Geben Sie eine kurze Inhaltsangabe des Artikels.

2. Wählen Sie fünf der am Rande übersetzten Wörter und Redewendungen, und verwenden Sie dieselben jeweils in einem neuen Satz.

Schlacht der Geschlechter

DER SPIEGEL

Mehr als eine Million Dollar Umsatz bringt das *aufwendigste* Spiel der Tennis-Geschichte in der größten Sporthalle der Welt. Star des Ereignisses ist ein notorischer *Wetter* von 55 Jahren.

Es begann mit einer Wette. 5 000 Dollar *setzte* Robert Larimore Riggs, 55, *darauf*, die besten Tennisspielerinnen der Welt „*vom Platz zu fegen*".

Mit seinem *Auftritt* am 20. September im Astrodome von Houston in Texas (45 000 Plätze) gegen die fünfmalige Wimbledon-Siegerin Billie Jean King, 29, bricht Riggs alle *Umsatzrekorde* von Wimbledon und Forest Hills, den Zentren des Welttennis. Allein die amerikanische TV-Gesellschaft ABC zahlt 750 000 Dollar, 15mal soviel wie für das gesamte Turnier in Wimbledon.[1]

Doch Riggs hat Wettkämpfe von Männern gegen Frauen *mitnichten* erfunden. Je mehr die Frauen sich emanzipierten, desto weiter drangen sie auch in die sportlichen Domänen der Männer ein. Schon beim Olympia 1904 waren in St. Louis (USA) Boxerinnen im *Rahmenprogramm* aufgetreten.

Margin glosses:
- extravagant
- better
- to bet on
- to wipe off the court
- appearance
- record gate receipts
- by no means
- side attractions

Inhaltsfragen

1. Wie groß ist der Umsatz in Dollar, den das aufwendigste Spiel der Tennis-Geschichte bringt?

2. Wie heißt der Star des Ereignisses?

3. Wieviel setzte Robert Larimore Riggs darauf, die besten Tennisspielerinnen zu schlagen?

4. Gegen wen tritt Riggs am 20. September im Astrodome von Houston auf?

[1] King schlug Riggs.

5. Wieviel zahlt allein die TV-Gesellschaft ABC für das Match?
6. Was ist an dieser Summe so bemerkenswert?
7. Ist Riggs der Erfinder von Wettkämpfen zwischen Männern und Frauen?
8. Was geschah bereits bei den Olympischen Spielen 1904 in St. Louis?

Schriftliches

A. Vervollständigen Sie bitte die folgenden Übungssätze. (Key p. 172)

1. Das aufwendigste Spiel der Tennis-Geschichte findet in . . . . .
2. Robert Larimore Riggs, ein notorischer Wetter von 55 Jahren, ist . . . . .
3. Er setzte 5 000 Dollar darauf, die besten Tennisspielerinnen der Welt zu . . . . .
4. Er wird gegen die fünfmalige Wimbledon-Siegerin Billie Jean King . . . . .
5. Die von der amerikanischen TV-Gesellschaft gezahlte Summe von 750 000 Dollar ist 15mal . . . . .
6. Alle Umsatzrekorde im Welttennis werden damit von Riggs . . . . .
7. Riggs ist jedoch nicht der . . . . .
8. Bereits 1904 traten Boxerinnen bei . . . . .

B.

1. Geben Sie eine kurze Inhaltsangabe des Artikels.
2. Wählen Sie fünf der am Rande übersetzten Wörter und Redewendungen, und verwenden Sie dieselben jeweils in einem neuen Satz.

Zerstörte Zellen

DER SPIEGEL

Jüngere *umfassende* Untersuchungen *untermauern*: Boxen führt zu Dauerschäden und *Spätfolgen*. Eine *Gutachtenkommission* soll deshalb im Auftrag der Bundesregierung ein Boxverbot prüfen.

extensive / to substantiate
later appearing effects / investigating committee

In 14 Jahren boxte der Brite 400 Kämpfe aus und wurde Weltmeister. Dann verwandelte sich der ruhige und *genügsame* Mann in einen *widerborstigen* Trinker und Spieler. Das Gedächtnis versagte, seine

contented
obstinate

Frau verließ ihn. *Bedienstete griffen* ihn *verlaust* im Heizungskeller eines Hotels *auf*.

Ein zweiter Boxer, ebenfalls in einem seiner 700 Kämpfe Weltmeister geworden, zog mit 50 Jahren ein Bein nach. Er sprach langsam und *abgehackt*, als stünde er *ständig* unter Alkohol, obwohl er keinen Tropfen trank. Er starb in einer psychiatrischen Anstalt.

Im American Football oder bei Motorrennen *kommen* mehr Menschen *um* als im Boxen. Aber in keiner Sportart *stellten* Ärzte *bislang* so häufige und *schwerwiegende* Spätfolgen *fest* wie im Boxen. „Heute weiß man, wie *heimtückisch* die summierende Wirkung der Schläge sein kann", faßte Professor Dr. Friedrich J. Unterharnscheidt aus den USA zusammen.

Bei den Olympischen Spielen 1972 in München, als die besten Amateurboxer und *namhafte* Sportmediziner aus aller Welt versammelt waren, sollte eine umfassende Untersuchung angestellt werden. Sie fand nicht statt. Die Boxfunktionäre fürchteten Schaden für ihre Sache mehr als für ihre Boxer.

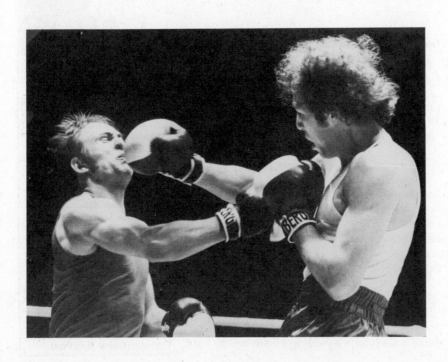

Glossary (right margin):

personnel / to pick up / covered with lice

haltingly / constantly

to be killed
to observe, to determine /
so far
serious
insidious

well-known

Inhaltsfragen

1. Was untermauern umfassende jüngere Untersuchungen?
2. Was soll eine Gutachtenkommission prüfen?
3. Wie verwandelte sich der britische Weltmeister nach 400 Box-kämpfen?
4. Welche Folgen zeigten sich bei einem anderen Boxer im Alter von 50 Jahren?
5. Wo starb er?
6. In welchen Sportarten kommen mehr Menschen um als beim Boxen?
7. Was stellten Ärzte bislang im Hinblick auf den Boxsport fest?
8. Was sagte Prof. Dr. Friedrich J. Unterharnscheidt?
9. Was sollte bei den Olympischen Spielen 1972 in München ange-stellt werden?
10 Warum fand die Untersuchung nicht statt?

Schriftliches

A. Vervollständigen Sie bitte die folgenden Übungssätze. (Key p. 172)

1. Jüngere umfassende Untersuchungen haben bewiesen, daß . . . . .
2. Die Bundesregierung hat eine Gutachtenkommission beauftragt, ...
3. Ein britischer Boxweltmeister verwandelte sich nach 400 Kämpfen von einem ruhigen und genügsamen Mann in . . . . .
4. Sein Gedächtnis versagte, seine Frau verließ ihn, und er wurde von . . . . .
5. Ein anderer Boxweltmeister zeigte nach 700 Kämpfen Sprach-störungen, zog . . . . . und starb . . . . .
6. Obwohl im American Football und bei Motorrennen mehr Menschen umkommen als im Boxen, stellten Ärzte bisher . . . . .
7. Bei den Olympischen Spielen 1972 in München waren die besten Amateurboxer und namhafte Sportmediziner aus aller Welt versam-melt, und man wollte . . . . .
8. Sie fand jedoch nicht statt, weil . . . . .

B.

1. Geben Sie eine kurze Inhaltsangabe des Artikels.
2. Wählen Sie fünf der am Rande übersetzten Wörter und Redewen-dungen, und verwenden Sie dieselben jeweils in einem neuen Satz.

Was Tödliches

DER SPIEGEL

Von 13 Automobilweltmeistern starben fünf im Auto. Sieben haben überlebt, drei davon fahren noch. Der Dreizehnte erklärte jetzt seinen Rücktritt: Jackie Stewart.

Wolfgang Graf Berghe von Trips half den Sarg von Alberto Ascari tragen. Der Holländer Carel Godin de Beaufort folgte dem Katafalk des toten Trips. Joakim Bonnier geleitete Beaufort zu Grabe. Der junge Franzose François Cevert trauerte an Bonniers *Gruft*. Jackie Stewart küßte den Sarg, in dem Ceverts *Überreste* lagen.

    grave
    remains

Dann entzog sich John Young (,,Jack the Hair") Stewart, 34, dem Totentanz. ,,Von nun an bin ich kein Rennfahrer mehr", erklärte er am vorletzten Wochenende in London. So früh und auf dem Höhepunkt der Karriere *trat* noch kein Grand-Prix-Fahrer *ab*.

    to retire

Stewart gewann dreimal den Weltmeistertitel. Nur der überlebende Argentinier Juan Manuel Fangio war erfolgreicher: fünfmal. Doch in 99 Grand-Prix-Rennen siegte Stewart 27mal — häufiger als jeder andere. Fangio gewann 24 große Preise. Sein *Resümee* als Veteran ähnelt dem Stewarts: ,,Die Geschwindigkeiten, mit denen heute Rennen gefahren werden, sind weit überhöht."

    summary judgment

Jim Clark, inzwischen zweimal Weltmeister geworden, fand den Tod auf dem Hockenheimring in Baden in einem unbedeutenden Rennen der Formel 2. *Auf grader Stecke* geriet Clarks Renner ins Schleudern und *zerschellte* an einem Baum.

    on the straightaway
    to crash

Inhaltsfragen

1. Was wurde aus den 13 Automobilweltmeistern?
2. Wer geleitete Beaufort zu Grabe?

3. Welchen Sarg küßte der Rennfahrer Jackie Stewart?
4. Was erklärte John Young Stewart in London?
5. Was tat noch kein Grand-Prix-Fahrer vor Jackie Stewart?
6. Weshalb war Juan Manuel Fangio erfolgreicher als Stewart?
7. Was sagt Fangio über Automobilrennen von heute?
8. Wie fand der Rennfahrer Jim Clark den Tod?

Schriftliches

A. Vervollständigen Sie bitte die folgenden Übungssätze. (Key p. 173)

1. Als einer von 13 Automobilweltmeistern, von denen außer ihm nur noch sieben leben, erklärte . . . . .
2. Am Grab des Rennfahrers Joakim Bonnier . . . . .
3. Durch seinen frühen Rücktritt will sich John Young Stewart . . . . .
4. Noch kein Grand-Prix-Fahrer ist so früh und . . . . .
5. Nur Juan Manuel Fangio war . . . . .
6. Mit 27 Siegen in 99 Grand-Prix-Rennen siegte . . . . .
7. Manuel Fangio meint, daß . . . . .
8. Jim Clark fand den Tod, als . . . . .

B.

1. Geben Sie eine kurze Inhaltsangabe des Artikels.

2. Wählen Sie fünf der am Rande übersetzten Wörter und Redewendungen, und verwenden Sie dieselben jeweils in einem neuen Satz.

Die Wände hoch

DER SPIEGEL

In England spielen schon 1,2 Millionen Sportler Squash. Von dort griff das Spiel auf die Bundesrepublik über. Experten schätzen das schnelle Spiel als kinderleicht ein.

„Es ist wie eine Sauna, in der man rennen muß", *empfiehlt* Australiens Tennis-Trainer Harry Hopman das Ballspiel namens Squash.

Zwischen vier Wänden stehen zwei Spieler nebeneinander und *dreschen abwechselnd* auf einen schwarzen Gummiball *ein.* Diese angenehme „Art von einem schwarzen Blitz", schrieb das „New York Times Magazine", entzündet außer in Australien auch in den USA und

to recommend

to thrash / alternately

in England die Lust am schnellen Ball (Geschwindigkeit: mehr als 200 km/h).

Keine andere Sportart erreichte einen größeren Teilnehmer-*Zuwachs* als Squash. In England *quetschen* schon mehr als 1,2 Millionen Squasher die hohlen Gummibälle *mittels* harter Schläge gegen die Wände. Schweden zählt bald 40 000 Squash-Spieler. In Hamburg, wo die erste bundesdeutsche Squash-Halle steht, sammelten sich *rasch* 500 Spieler. Die Firma Dunlop produziert nur noch zu 30 Prozent Tennis- und Badminton-Rackets, 70 Prozent macht die *Herstellung* von Squash-Schlägern aus.

Squash spielt der Weltbank-Präsident Robert McNamara ebenso *eifrig* wie Nigerias Staatschef Yakuba Gowon. In den USA entwickelte sich das Spiel mit dem schwarzen Gummiball sogar zu einem „äußerst geeigneten Hausfrauenspiel", wie die *US-Ranglisten*-Squasherin Dede Shipway Webster verriet. Und der Zeichner Walt Disney *fügte* „Squash" ins Sprachgut seiner Donald-Duck-Ente *ein*.

increase

to squash

by means of

quickly

production

eagerly

US-champion

to add

Inhaltsfragen

1. Von wo kam das schnelle Squash-Spiel nach Deutschland?
2. Was sagt der australische Tennis-Trainer Harry Hopman vom Squash?
3. Wie viele Spieler stehen zwischen wie vielen Wänden und dreschen auf wie viele Bälle ein?
4. Wo entzündet sich die Lust am schnellen Ball außer in Australien auch noch?
5. Wie viele Spieler zählt man bereits in Schweden und in Hamburg?
6. Wie sieht die Produktion der Firma Dunlop aus?
7. Was verriet Dede Shipway Webster?
8. Und was tat der Zeichner Walt Disney?

Schriftliches

A. Vervollständigen Sie bitte die folgenden Übungssätze. (Key p. 173)

1. Das schnelle Squash-Spiel wird von Experten . . . . .
2. Zwei Spieler stehen nebeneinander zwischen vier Wänden und . . . .
3. Die Lust am schnellen Ball entzündet sich nicht nur . . . . .

4. Mittels harter Schläge werden die hohlen Gummibälle schon von mehr . . . . .

5. Rasch haben sich auch in Hamburg 500 Spieler in der ersten . . . . .

6. Die Herstellung von Squash-Schlägern macht 70 Prozent der gesamten . . . . .

7. Weltbank-Präsident Robert McNamara sowohl . . . . .

8. Die US-Ranglisten-Squasherin Dede Shipway Webster meinte, daß . . . . .

B.

1. Geben Sie eine kurze Inhaltsangabe des Artikels.

2. Wählen Sie fünf der am Rande übersetzten Wörter und Redewendungen, und verwenden Sie dieselben jeweils in einem neuen Satz.

Diskussionsthemen

Bereiten Sie sich auf Klassendiskussionen über folgende Themen vor:

1. Was bewegt Ihrer Meinung nach jemanden zur Ausübung gefährlicher Sportarten wie Boxen, Autorennen, Bobfahren, und was fasziniert die Zuschauer? Glauben Sie, daß die Gefahren ein Verbot rechtfertigen?

2. Glauben Sie, daß der Fußballsport (soccer) in den USA ebenso populär werden könnte wie Baseball und American Football?

3. Halten Sie sportliche Wettbewerbe zwischen Frauen und Männern grundsätzlich für unfair oder unter bestimmten Umständen für gerechfertigt?

Humor

DIE ZEIT

Der Zeitungsverkäufer ruft: „Riesenschwindel! Riesenschwindel! 98 Opfer!"
Ein Mann kauft die Zeitung, überfliegt sie und empört sich: „Kein Wort von einem Riesenschwindel!"
Der Zeitungsverkäufer ruft: „Riesenschwindel! Riesenschwindel! 99 Opfer!"

Ein reicher Schotte hat auf alle Bitten um Spenden für wohltätige Zwecke nur eine Antwort: „Ich habe eine arme Schwester!"
Die arme Schwester gibt es wirklich, sie hat aber noch nie einen Penny von ihrem geizigen Bruder erhalten. Als man dies herausfindet und es ihm bei nächster Gelegenheit vorhält, erwidert er seelenruhig: „Eben. Wenn ich der schon nichts gebe — wieso wildfremden Leuten?"

Die Frau des Chefs kommt ins Büro und sagt: „Ich bin die Frau des Chefs!"
„Und ich bin seine neue Sekretärin", antwortet das hübsche junge Mädchen.
„Pardon", erwidert die Frau, „Sie waren es!"

„Wieso gibt es heute nur Nachtisch?" fragt der Mann.
„Laß es dir erklären, Liebling", sagt die Frau, „die Steaks hatten Feuer gefangen, und ich mußte sie mit der Suppe löschen!"

vii Verkehr und Reise

7-A

7-B

Verkehrs – und Transportmittel

Die Bundesrepublik ist für ein vorbildliches Verkehrswesen bekannt. *Ausländische Fachleute* (foreign experts) haben schon immer die Planungen interessiert verfolgt.

Die Deutschen waren die ersten Europäer, die ihr Land mit einem *Schnellstraßennetz* (network of expressways) überzogen haben, die Autobahnen. In ihren Städten entstanden Umgehungsstraßen oder Stadtautobahnen (7-G). Deswegen

7-C

fließt auch in *Ballungszentren* (highly populated city areas) der Verkehr reibungslos. Deutsche Autos wie Mercedes, BMW (7-F), Audi und Volkswagen haben Wel-sind kompakt, formschön, technisch ausgefeilt.

Obgleich die Bundesbürger be-geisterte Autofahrer sind, ist der *öffentliche Verkehr* (public trans-portation) nicht zu kurz gekom-men. *Untergrundbahnen* (sub-ways), Busse und *Straßenbahnen* (streetcars) (7-D) transportieren

7-E

Tag für Tag Millionen Menschen in den Städten. Für die Transportmittel gibt es *aufeinander abgestimmte Fahrpläne* (coordinated schedules).

Gerühmt wird Westdeutschland auch wegen seines Eisenbahnverkehrs. Im Gegensatz zu den Vereinigten Staaten wurde der Personentransport auf der Schiene nicht vernachläßigt. Die Eisenbahn ist ein unentbehrliches Transportmittel für Reisen innerhalb der Bundesrepublik und Europas. Im Zentrum jeder Stadt befindet sich ein Bahnhof (7-E) mit Restaurants, Geschäften und Zeitungsständen.

Die Verbindung zur Welt stellt der Flugverkehr her. Die Lufthansa verfügt über eine der modernsten Luftflotten (7-A) der Welt und zählt zu den führenden Fluggesellschaften. Da Deutschland die größte Exportnation Europas ist, spielt die Lufthansa auch im Gütertransport (7-C) eine wichtige Rolle. Im Zusammenhang mit dem Flugverkehr kann der Name einer Stadt nicht unerwähnt bleiben: Frankfurt am Main. Die Main-Metropole hat sich nach dem Zweiten Weltkrieg zum Luftfahrtszentrum Westdeutschlands entwickelt (7-B). ∎

7-G

Inhaltsfragen

1. Wie nennt man die Schnellstraßen in der Bundesrepublik?
2. Wie fließt normalerweise der Verkehr in den Städten?
3. Welche öffentlichen Transportmittel gibt es in den Städten?
4. Welches Transportmittel ist unentbehrlich für Reisen innerhalb Deutschlands?
5. Welche Stadt hat sich zum Luftfahrtszentrum Deutschlands entwickelt?

Diskussionsthemen

1. Wesentliche Züge des deutschen Verkehrswesens.
2. Ähnlichkeiten und Unterschiede zwischen den öffentlichen Verkehrsmitteln in Deutschland und Amerika.
3. Der deutsche Wagen: Marken und Qualitäten.

Aufsatzthemen

Schreiben Sie bitte einen kurzen Aufsatz über eines der folgenden Themen:

1. Die Bedeutung der Transportmittel für eine Exportnation wie die Bundesrepublik.
2. Hat Deutschland Ihrer Meinung nach die Verkehrsprobleme besser oder schlechter gelöst als Amerika?
3. Wie stellen Sie sich die Zukunft der privaten Verkehrsmittel vor?

Das Auto ist ein Stück Freiheit

SCALA INTERNATIONAL

Die ersten Automobile waren teuer. Nur wenige konnten *sich* eins *leisten*. Erst die Großserien-Produktion *ermöglichte* es Millionen von Menschen, sich den Traum vom eigenen Wagen zu erfüllen. Das Auto macht seinen Besitzer in einem nie gekannten Maße zum Herrn über Raum und Zeit. Es gibt ihm die Freiheit zu entscheiden, wann und wohin die Reise geht. Es *befördert* Millionen von Menschen, die *dem Alltag entrinnen* wollen und in einer anderen Umgebung wohlverdiente Erholung suchen, innerhalb weniger Tage in die *Urlaubsgebiete* und zurück. Es gibt kein anderes Verkehrsmittel, das so große Massen in so kurzer Zeit transportieren könnte. Der Bedarf an Mobilität wird auch in Zukunft nicht vom Auto allein befriedigt werden. Andere Verkehrssysteme werden hinzukommen. Aber: Im modernen Menschen wohnt ein *ausgeprägter* Freiheitsdrang. Man will frei sein von zeitlicher und örtlicher *Bindung* und sich bewegen können.

   Die *Verkehrsbedürfnisse* der Gesellschaft von morgen können nicht gegen das Auto befriedigt werden, sondern nur mit ihm. Die Zukunft wird es lehren.

to afford
to make possible

to transport / to escape
the daily routine
recreation areas

strongly developed
restriction, limitation
transportation needs

Inhaltsfragen

1. Weshalb konnten sich nur wenige Leute anfangs ein Auto leisten?
2. Was machte die Großserienproduktion möglich?
3. Wozu macht ein Auto seinen Besitzer?
4. Was können Millionen Menschen mit einem Auto tun?
5. Gibt es ein anderes Verkehrsmittel, das so große Massen in so kurzer Zeit befördern könnte?
6. Wodurch wird in der Zukunft der Bedarf an Mobilität befriedigt werden?
7. Wovon will man frei sein?
8. Was wird die Zukunft lehren?

Schriftliches

A. Vervollständigen Sie bitte die folgenden Übungssätze. (Key p. 173)

1. Nur wenige konnten sich die ersten Automobile leisten, weil . . . . .
2. Durch die Großserienproduktion wurde es für Millionen von Menschen möglich, ...
3. Der Besitz eines Autos machte den Eigentümer in . . . . .
4. Millionen von Menschen können mit dem Auto dem Alltag entrinnen und. . . . .
5. Innerhalb weniger Tage . . . . .
6. Kein anderes Verkehrsmittel kann . . . . .
7. Der moderne Mensch mit seinem ausgeprägten Freiheitsdrang will sich frei . . . . .
8. Zusammen mit anderen Verkehrssystemen wird das Auto . . . . .

B.

1. Geben Sie eine kurze Inhaltsangabe des Artikels.
2. Wählen Sie fünf der am Rande übersetzten Wörter und Redewendungen, und verwenden Sie dieselben jeweils in einem neuen Satz.

Fließband zum Jet

Fließband conveyer belt

DER SPIEGEL

Amerikas erster Airport für das kommende Jahrtausend wird Anfang nächsten Jahres eröffnet. Jährlich 50 Millionen Passagiere sollen dort starten und landen — so bequem wie in der Ära der Propellermaschinen.

Für den *Luftzirkus*, für Barbecues und Bankette zur *Einweihung*   air show / inauguration
stifteten Lokalpatrioten mehr als eine halbe Million Dollar. Und als
Anfang September über ihnen im Nachthimmel eine sowjetische
Trägerrakete verglühte, *wähnten* sie schon die *Außerirdischen* kommen.   space rocket / to burn out / to presume, to believe / beings from outer space

Dann *schwebte* immerhin ein futuristisches Flugzeug *ein*. Auf ihrem   to glide in
Jungfernflug nach den USA landete die Concorde, erste zivile *Über-*   inaugural flight / supersonic plane
schallmaschine des Westens, Ende vorigen Monats auf dem größten
Flughafen der Welt.

Das gibt es nur in Texas: Aus 70 Quadratkilometern Prärie und
Baumwollfeldern haben die gigantomanischen Südstaatler ein Aerodrom
für 700 Millionen Dollar *gestampft* — größer als alle New Yorker   to turn into
Luftverkehrsplätze zusammen, größer noch als Manhattan.

Für den *Linienverkehr* wird der Dallas-Fort Worth Regional Airport   commercial air traffic
(DFW) Anfang kommenden Jahres *freigegeben*.   to open

Der *Beton* der *Pisten* ist 43 Zentimeter dick, tragfähig genug für   concrete / runway
Super-Jumbos. Und sogar für den Fall, daß *dereinst* Raketenflugzeuge   in the future
entwickelt werden, ist *vorgesorgt* — die *Decken* lassen sich leicht auf 60   to plan ahead / runway
Zentimeter verstärken.

Inhaltsfragen

1. Was wird Anfang nächsten Jahres eröffnet?
2. Wofür ist dieser Airport gedacht?
3. Was fand zur Einweihung statt, und wer stiftete eine halbe Million Dollar dazu?
4. Wann wähnte man die Außerirdischen kommen?
5. Was landete Ende vorigen Monats auf dem größten Flughafen der Welt?
6. Wie groß ist das Aerodrom in Texas?
7. Welche Summe hat es gekostet?
8. Wann wird der Dallas-Fort Worth Airport freigegeben und wofür?
9. Wie dick ist der Beton der Piste?
10. Wofür ist sogar vorgesorgt und auf welche Weise?

Schriftliches

A. Vervollständigen Sie bitte die folgenden Übungssätze. (Key p. 174)

1. Anfang nächsten Jahres wird Amerikas . . . . .
2. So bequem wie in der Ära der Propellermaschinen sollen . . . . .

3. Für die Barbecues, Bankette und den Luftzirkus, die zur Einweihung stattfanden, wurden . . . . .
4. Man dachte schon, die Außerirdischen kämen, als . . . . .
5. Ein futuristisches Flugzeug schwebte immerhin in Form einer Concorde ein, die auf . . . . .
6. Das Aerodrom in Texas ist aus 70 Quadratkilometern Prärie und Baumwollfeldern gestampft und mit . . . . .
7. Anfang kommenden Jahres soll der Dallas-Fort Worth Regional Airport . . . . .
8. Die 43 Zentimeter dicke Betonpiste ist . . . . .

B.

1. Geben Sie eine kurze Inhaltsangabe des Artikels.
2. Wählen Sie fünf der am Rande übersetzten Wörter und Redewendungen, und verwenden Sie dieselben jeweils in einem neuen Satz.

Risiko mit SIFA[1]

DER SPIEGEL

Ob die Bahn ihre schnellen Züge mit antiquiertem Sicherheitsstandard fahren läßt und dabei hohe *Risiken in Kauf nimmt*, ist die Frage bei einem *Rechtsstreit* um das Zugunglück von Rheinweiler.   risks / to put up with / law suit

Die Elektro-Lok E 103 ist die stärkste und schnellste im ganzen Land — 14 000 PS, 200 km/h. Sicher, so beteuert die Bundesbahn, ist sie auch: Eine Kette von Kontrollinstrumenten steuert mit, wenn das *Prachtstück losrauscht*, und selbst die Wachsamkeit des Lokomotivführers wird automatisch überwacht.   show-piece / to take off (colloq.)

Dennoch entgleiste, von der *Sicherheitslok* gezogen, bei Rheinweiler im Badischen der „Schweiz-Expreß" — 21 Menschen, unter ihnen der Lokführer, starben; 131 wurden verletzt. Der *PS-Protz* hatte mit 140 km/h eine Kurve durchfahren, die nur ein Höchsttempo von 75 verträgt.   safety locomotive   horse power-show off

Dieses Unglück geschah am 21. Juli 1971. Aber noch immer streiten Wissenschaftler, Juristen und Bundesbahnverwalter, wer oder was Schuld an der Katastrophe trägt.

Und zur Debatte steht, ob die Bahn das Tempo der achtziger Jahre mit dem Sicherheitsstandard *verflossener* Jahrzehnte fahren läßt.   past

[1] SIFA = Sicherheitsfahrschalter — Durch Betätigung einer Taste des Sicherheitsfahrschalters muß ein Lokführer ständig seine Aufmerksamkeit signalisieren.

Inhaltsfragen

1. Was ist die Frage bei einem Rechtsstreit um das Zugunglück von Rheinweiler?
2. Was ist die Elektro-Lok E 103?
3. Mit welcher Geschwindigkeit fährt sie?
4. Was führt die Bundesbahn als Beweise für die Zuverlässigkeit dieser Lokomotive an?
5. Was passierte bei Rheinweiler im Badischen?
6. Wieviel Tote und Verletzte gab es?
7. Was war der Grund für diese Katastrophe?
8. Worüber streiten Wissenschaftler, Juristen und Bundesbahnverwalter immer noch?
9. Worum geht es außerdem in der Debatte?

Schriftliches

A. Vervollständigen Sie bitte die folgenden Übungssätze. (Key p. 174)

1. Die Bundesbahn läßt ihre schnellen Züge mit . . . . .
2. Die Bundesbahn beteuert, daß die Elektro-Lok E 103 nicht nur . . . . . , sondern . . . . .
3. Automatisch wird selbst die . . . . .
4. 21 Menschen starben und 131 wurden verletzt, als der „Schweiz-Expreß", ...
5. Obwohl eine bestimmte Kurve nur eine Geschwindigkeit von 75 km/h verträgt, hatte . . . . .
6. Wissenschaftler, Juristen und Bundesbahnverwalter streiten noch immer darum, ...

B.

1. Geben Sie eine kurze Inhaltsangabe des Artikels.
2. Wählen Sie fünf der am Rande übersetzten Wörter und Redewendungen, und verwenden Sie dieselben jeweils in einem neuen Satz.

Flotte Fahrt in die Sackgasse

Die deutsche Automobilindustrie hat für kommende Krisen noch
kein Konzept

DIE ZEIT

Am Anfang schuf *Genie* das Auto. Danach kam die Industrie, verbesserte es und verlernte über jahrzehntelangem *Werkeln* am Detail das Nachdenken. Vier Räder plus *Verbrennungsmotor* sind seit *knapp* einhundert Jahren *ihrer Weisheit allerletzter Schluß*.

    Und dabei soll es bleiben. „Mit dem Auto in die Zukunft" ist das *trotzig* heitere Motto der jetzt eröffneten „Internationalen Automobil-Ausstellung" in Frankfurt. Trotz extremer Kritik am Auto — *Städtebauminister* Vogel: „Das Auto mordet die Großstadt"; Verkehrsminister Lauritzen: „Die *Autolawine* kommt nicht gottgewollt auf uns zu" — *hegt* die *Branche Zuversicht*. Grund: Die hundertjährige Entwicklung zum heutigen Individualverkehr läßt sich weder in zehn noch in zwanzig Jahren umkehren.

    So ist auf *absehbare* Zeit Johann Heinrich von Brunn, Präsident des *Branchenverbandes* VDA[1], mit gutem Grund „der Meinung, daß der

genius, human ingenuity
fiddling
combustion engine / barely
wisdom's ultimate conclusion

stubborn
minister of urban design

avalanche of the automobile
to be full of confidence / the industry

foreseeable
association of the auto industry

[1] Verband Deutscher Automobilhersteller.

Wunsch, ein Auto zu haben, in unserer Bevölkerung so groß ist, daß eher auf vieles andere verzichtet wird". Da ist nicht nur Wunsch, da ist auch *Zwang*: Weder in Wirklichkeit noch auf dem Papier existiert eine Alternative zum Auto.   necessity

Inhaltsfragen

1. Was verlernte die Industrie über jahrzehntelangem Arbeiten und Verbessern am Automobil?
2. Was ist immer noch der Weisheit letzter Schluß für die Auto-industrie?
3. Was ist das Motto der Internationalen Automobil-Ausstellung in Frankfurt?
4. Wie wird dieses Motto charakterisiert?
5. Was sagen Städtebauminister Vogel und Verkehrsminister Lauritzen zum Thema „Auto"?
6. Was ist der Grund für die Zuversicht der Autoindustrie?
7. Welcher Meinung ist der Präsident des Branchenverbandes VDA?
8. Was besteht weder in Wirklichkeit noch auf dem Papier?

Schriftliches

A. Vervollständigen Sie bitte die folgenden Übungssätze. (Key p. 174)
1. Über Jahrzehnte hin verbesserte und werkelte die Autoindustrie am Auto herum und . . . . .
2. Ihrer Weisheit letzter Schluß sind seit . . . . .
3. Trotz extremer Kritik am Auto wurde die Internationale Automobil-Ausstellung in Frankfurt unter dem Motto . . . . .
4. Städtebauminister Vogel sagte, daß . . . . .
5. Die Autoindustrie ist voller Zuversicht, weil sie meint, daß . . . . .
6. Johann Heinrich von Brunn meinte, daß der Wunsch, ein Auto zu haben, in der deutschen Bevölkerung so groß sei, ...

B.
1. Geben Sie eine kurze Inhaltsangabe des Artikels.
2. Wählen Sie fünf der am Rande übersetzten Wörter und Redewendungen, und verwenden Sie dieselben jeweils in einem neuen Satz.

Zehn Pluspunkte für Lufthansa-Luftfracht.

Wir sind die größte nichtamerikanische Frachtfluglinie geworden und meinen, das sind die wichtigsten Gründe dafür:

1. Unser Frachternetz. Mit 210 000 km ist es das längste der Welt.

2. Keine andere Luftverkehrsgesellschaft bietet in Deutschland mehr Liniendienste, die Fracht zu allen wichtigen Handelszentren der Welt befördern oder sie von dort holen. Es mag zwar billigere Angebote geben, aber wenn es auf Zuverlässigkeit und Pünktlichkeit ankommt, macht sich der Linienpreis immer bezahlt.

3. Nur Lufthansa hat direkte Frachterflüge von allen deutschen Flughäfen zum zentralen Umschlagplatz Frankfurt.

4. Und in Frankfurt steht das Lufthansa Cargo-Center. Es ist das größte des Kontinents, mit der modernsten Frachtsortieranlage. Die brauchen wir, um täglich 600 t Fracht zu bewältigen. Und in die Luft zu bringen. Schnellstmöglich.

5. Lufthansa bedient alle Frachtstrecken mit Paletten. Wir haben weltweit den größten Palettenumschlag aller Fluggesellschaften: täglich 430.

6. Bei uns fliegt der erste Bungalow-Container der Welt. Die Boeing 747 F, in deren Bauch sich erstmals 8 x 8-Fuß-Großcontainer unterbringen lassen. An unseren Investitionen sehen Sie, welches Vertrauen wir in die Zukunft der Fracht

setzen. Für lange Zeit werden wir noch die einzigen mit einem Fracht-Jumbo bleiben.

7. Ihre Fracht gehört zum Jet-Set. Befördert von unserer Boeing-Flotte, deren verschiedene Typen den gleichen Rumpfquerschnitt haben. Das bedeutet schnelles Umladen ohne Umpacken. (Siehe auch Punkt 5 „Paletten".)

8. Für Container und Iglus bietet Lufthansa besonders günstige Frachtraten.

9. Von den Spediteuren mit Lufthansa-Agentur und von unseren Frachtexperten, die Ihnen rund um die Uhr zur Verfügung stehen, erhalten Sie ausführliche Kostenvergleiche. Sie haben in über tausend Fällen die Entscheidung zwischen Luftfracht und einer anderen Versandart leicht gemacht. Oft zugunsten der Luftfracht.

10. Unsere Frachtexperten sind so gut geschult, daß sie sogar von der Konkurrenz konsultiert werden. Sie bilden in enger Zusammenarbeit mit den IATA-Spediteuren ein Team, das den reibungslosen Versand von Haus zu Haus garantiert.

Und noch ein Pluspunkt dürfte Sie interessieren: Jeder Lufthansa Cargo-Partner wird schnell und kontinuierlich über alle weltweiten Veränderungen auf dem Luftfracht-Sektor informiert.

＊ Nach Delhi und New York eröffneten wir ein weiteres modernes Frachtterminal in São Paulo.

＊ Nach São Paulo und anderen südamerikanischen Städten 3 x wöchentlich mit Frachtern.

＊ Nach Helsinki drei Frachter pro Woche.

＊ Kopenhagen, Stockholm und Göteborg tägliche Frachterbedienung.

Lufthansa Cargo

Nach unten treten

DER SPIEGEL

Nach unten treten soll jetzt erst voll wirksam werden — nach oben *buckeln* aber, das andere alte Radfahrer-Prinzip[1], gilt nicht mehr. Mit technischen Finessen, „die eher für die Flugzeug-Industrie typisch sind" („Popular Science"), hat die kalifornische Firma Harris Dynamics einen neuartigen *Fahrrad-Antrieb* entwickelt: Statt über *Drehpedale*, die viel nutzloses *Strampeln* erfordern, wird das Hinterrad mittels Hebel-pedalen gedreht. So, ergaben ergonomische[2] Studien, läßt sich die Kraft des Quadriceps, des großen Streckmuskels am Oberschenkel, am besten in Bewegung umsetzen. Nur zum Anfahren müssen die Beine den maximalen *Pedalausschlag* von 33 Zentimetern *bewältigen;* um normales Tempo *beizubehalten*, genügt dann *kurzhubiges* Auf- und Ab-schwingen. Die erste Serie des Modells „MK 11", das mit einer *Schaltung* für 20 Gänge ausgestattet ist, soll im Frühjahr — zu einem *Stückpreis* von allerdings mehr als 300 Dollar — auf den US-Markt kommen. Erst im Design-Stadium ist dagegen ein Fahrrad, das noch mehr revolutionäre Elemente *aufweist*. Es hat ebenfalls Hebelpedal-Antrieb (mit vier Gängen) und scheint von *Verwandlungskünstlern* ersonnen zu sein: Rahmen, Sattel und Lenker sind auf jede Körpergröße, für bequemen Sitz wie für *geduckte* Rennhaltung *einstellbar*. Freizeit-Spaß macht die Konstruktion selbst in *Dünensand*, *Morast* oder Schnee, indem man die Speichenräder gegen je zwei *geländegängige* hohle Halbkugeln auswechselt. Und Hobby-Gärtner können statt des Hinterrades *überdies* eine *Besenwalze*, eine *Sämaschine*, eine *Egge* oder einen Rasenmäher montieren. Mit diesem Entwurf gewannen die Norweger Terje Meyer, Bjørn A. Larsen und Jens Christensen auf einem internationalen Fahrrad-Wettbewerb in Kyoto/Japan den ersten Preis.

to hump one's back, (fig.)
to bow and scrape

bicycle driving gear /
pedal driven by circular motion
pedaling

pedal stroke / to master
to maintain / with
short strokes
clutch
price per unit

to feature
quick-change artist

stooped / adjustable
sand dunes / mud
all-terrain
furthermore
broom roll / sowing machine / harrow

Inhaltsfragen

1. Was soll jetzt erst voll wirksam werden?
2. Und was gilt nicht mehr?
3. Wissen Sie, was mit dem „alten Radfahrer-Prinzip" gemeint ist?

[1] To oppress one's subordinates and to bow to one's superiors.
[2] Bio-technical term referring to an apparatus with a recording device used to measure the work performed by a group of muscles under control conditions as to time, weight, or resistance.

4. Wie funktioniert der neuartige, von der kalifornischen Firma Harris Dynamics entwickelte Fahrrad-Antrieb?
5. Was haben ergonomische Studien ergeben?
6. Was ist der Quadriceps?
7. Was genügt, um normales Tempo beizubehalten?
8. Wann und zu welchem Preis soll die erste Serie des Modells MK 11 in den USA auf den Markt kommen?
9. Was sind die Merkmale des anderen Fahrrads, das z.Zt. noch im Design-Stadium ist?
10. Was muß man tun, um mit diesem Fahrrad auch im Sand, Morast oder Schnee fahren zu können?
11. Welche Möglichkeiten haben Hobby-Gärtner mit diesem Modell?
12. Was bekamen die norwegischen Konstrukteure dieses Entwurfs?

Schriftliches

A. Vervollständigen Sie bitte die folgenden Übungssätze. (Key p. 175)

1. Von der Firma Harris Dynamics . . . . .
2. Da das Hinterrad nicht über Drehpedale, sondern mittels Hebel-pedalen gedreht wird, ...
3. Zum Anfahren muß von den Beinen ein . . . . .
4. Im Frühjahr soll die erste Serie des Modells MK 11 . . . . .
5. Verwandlungskünstler scheinen ein . . . . .
6. Rahmen, Sattel und Lenker können . . . . .
7. Da man die Speichenräder gegen je zwei hohle Halbkugeln auswechseln kann, kann . . . . .
8. Hobby-Gärtner haben die Möglichkeit, ...

B.

1. Geben Sie eine kurze Inhaltsangabe des Artikels.
2. Wählen Sie fünf der am Rande übersetzten Wörter und Redewen-dungen, und verwenden Sie dieselben jeweils in einem neuen Satz.

Schlimmer als Jauche

Jauche sewage

DER SPIEGEL

Der „Aérotrain", ein superschneller Luftkissenzug, soll Frankreichs modernstes Verkehrsmittel werden.

Skandale haben die Fünfte Republik gezeichnet. Der nächste ist so gut wie sicher. Sein Name: „Aérotrain".

Schon zu den olympischen Winterspielen 1968 hatte der Luftkissenzug zwischen der Großstadt Lyon und dem Skizentrum Grenoble *flitzen* sollen — das jedenfalls hoffte Aérotrain-Konstrukteur Jean Bertin. Die Pariser Regierung jedoch *reklamierte* das Prestige-Fahrzeug für die Kapitale Paris.

to race
to claim

Mit einer *Durchschnittsgeschwindigkeit* von 180 Kilometern pro Stunde, so ist es geplant, soll das *Gefährt* vom West-Pariser Luxus-Büroviertel Défense zur 23 Kilometer entfernten *Satellitenstadt* Cergy (geplante Einwohnerzahl: 300 000) fahren.

average speed
vehicle
suburb

Cergy-Bürgermeister Bernard Hirsch *überredete* den amerikanischen Chemie-Konzern 3M Minnesota, seine Frankreich-Zentrale nach Cergy zu *verlegen. Verführt* durch die kurze *Pendelzeit* ins teure Défense-Viertel, sagte 3M zu und baute insgesamt 40 000 Quadratmeter Büro für 2 000 Arbeitnehmer.

to persuade

to move / lured / "shuttle-time"

Der Baubeginn des Aérotrain jedoch wurde immer wieder *verschoben*, denn *etliche* der verantwortlichen Franzosen fürchten, daß ein zweites „Concorde"-Debakel *eintreten* könnte: teuer, nicht sehr nützlich, *nahezu unverkäuflich*.

to postpone
several
to occur
nearly / unsalable

Immerhin: Als erstes Land der Welt hatte Frankreich den Aérotrain geprobt. Der mit einem *Heckpropeller* angetriebene Zug *sauste* mit Geschwindigkeiten bis zu 423 Kilometer pro Stunde über den Versuchs-Schienenstrang.

anyway
rear-propeller / to race, to speed

Nicht lauter als in einem Flugzeug empfanden Testreisende die *Fahrtgeräusche*, doch weniger positiv urteilten die *Anrainer*. Wenn das *Luftkissenungeheuer vorbeifauchte*, begannen angeblich *trächtige* Kühe zu *kalben*. Eine Bäuerin über die *Kerosin-Fahne:* „Zehnmal so schlimm wie eine *Jauchegrube*."

noise during the ride / people living along the train route / air-cushion monster / to hiss-by / gravid / to calve / kerosene-trail / cesspool

Inhaltsfragen

1. Was soll Frankreichs modernstes Verkehrsmittel werden?
2. Was wird den nächsten öffentlichen Skandal in Frankreich verursachen?

3. Zu welchem Ereignis sollte der Luftkissenzug bereits in Betrieb sein?
4. Wie heißt der Konstrukteur des Aérotrain?
5. Wie hoch ist die Durchschnittsgeschwindigkeit des Zuges?
6. Wie groß ist die Entfernung zwischen dem Pariser Luxus-Büroviertel Défense und der Satellitenstadt Cergy?
7. Wozu überredete der Bürgermeister Bernard Hirsch die amerikanische Firma 3M?
8. Was fürchten einige der für das Aérotrain-Projekt verantwortlichen Franzosen?
9. Als was erwiesen sich die Concorde-Flugzeuge?
10. Womit wird der Aérotrain angetrieben, und welche Geschwindigkeit entwickelte er auf dem Versuchs-Schienenstrang?
11. Was wird im letzten Absatz des Artikels vom Aérotrain berichtet?
12. Und womit verglich die Bäuerin die Kerosin-Fahne des Zuges?

Schriftliches

A. Bitte vervollständigen Sie die folgenden Übungssätze. (Key p. 175)

1. Es ist sehr wahrscheinlich, daß der geplante Aérotrain in Frankreich . . . . .
2. Das modernste Verkehrsmittel Frankreichs sollte bereits . . . . .
3. Der Zug soll das Luxus-Büroviertel Défense . . . . .
4. Bürgermeister Hirsch überzeugte die Firma 3M davon, daß es vorteilhaft sei, ...
5. Für 2 000 Arbeitnehmer wurden . . . . .
6. Da man ein Debakel befürchtete, wurde . . . . .
7. Die Concorde-Flugzeuge hatten sich als . . . . .
8. Der Aérotrain wird von . . . . .
9. Die Fahrtgeräusche wurden von Testreisenden . . . . .
10. Die Leute jedoch, die den Zug vorbeirasen sahen, ...

B.

1. Geben Sie eine kurze Inhaltsangabe des Artikels.
2. Wählen Sie fünf der am Rande übersetzten Wörter und Redewendungen, und verwenden Sie dieselben jeweils in einem neuen Satz.

Diskussionsthemen

Bereiten Sie sich auf Klassendiskussionen über folgende Themen vor:

1. Hat die sogenannte „Freiheit", die uns das Auto gebracht hat, auch eine andere Seite?
2. Glauben Sie, daß das Automobil im Beförderungssystem der Zukunft noch einen Platz hat?
3. Werden gigantische Flugplätze und Riesenflugzeuge wirklich gebraucht?
4. Glauben Sie, daß Verkehrsmittel wie der Aérotrain und das Hebelpedal-Fahrrad zu den Beförderungsmitteln der Zukunft gehören werden?

Humor

DIE ZEIT

Ein Mann mit einem Arm geht zum Friseur, um sich rasieren zu lassen. Schon nach kurzer Zeit schneidet der Barbier ihn am Kinn. Um abzulenken, verwickelt er den Kunden in ein Gespräch. „Waren Sie schon öfter bei uns, mein Herr?" fragt er. „Nein", antwortet der Kunde mürrisch, „den Arm habe ich im Krieg verloren."

Ein Fabrikant hat veranlaßt, überall im Unternehmen große Plakate mit dem Sprichwort „Verschiebe nicht auf morgen, was du heute kannst besorgen" aufzuhängen. Als er am nächsten Morgen in die Fabrik kommt, streiken die Arbeiter, fordert die Chefsekretärin eine Gehaltserhöhung und der Kassierer ist mit der Gattin des Fabrikanten durchgebrannt.

DIE ZEIT

Ein Kleinwagen, über und über mit Blumen bemalt, stoppt an der Tankstelle. „Was darf's sein", fragt der Tankwart, „Benzin oder Wasser für die Blumen?"

Der junge Mann geht zur Beichte. Der Pastor fragt, ob er schon mal ein Verhältnis mit einer verheirateten Frau gehabt habe.
„Ja, leider", antwortet der Sünder.
„Häufiger?"
„Ich bin eigentlich hier, um zu bereuen, Hochwürden, und nicht, um zu prahlen."

„Haben Sie sich verletzt?"

viii Die Rolle der Frau im Wandel der Zeit

8-B

Frauen – gestern und heute

Die Rolle der Frau in der deutschen Gesellschaft hat sich seit dem Zweiten Weltkrieg dramatisch geändert. Frauen haben heute einen großen Einfluß im Berufsleben und auch im *öffentlichen Leben* (public life).

Die deutsche Frau hat fast unauffällig ihre Fortschritte in Richtung Gleichberechtigung erzielen können. Suffragetten-Versammlungen wie um die Jahrhundertwende (8-B) waren nicht notwendig.

Der Aufbau des kriegszerstörten Deutschlands mußte mit der tatkräftigen Hilfe der Frauen vorgenommen werden. Millionen Männer waren zwischen 1939 und 1945 auf den Schlachtfeldern gefallen oder durch andere Kriegseinflüsse ums Leben gekommen.

Die Frau in der Bundesrepublik ist so in viele Rollen hineingewachsen, die früher vornehmlich Männern vorbehalten waren. Elisabeth Roock wurde Großstadt-Bürgermeister (8-I), Helga Wex Abgeordnete des Bundestages (8-C), Gerda Krüger-Nieland Richter des Obersten Bundesgerichtes (8-F), Dr. Marion Gräfin Dönhoff

8-C

144

8-D

8-E

Herausgeberin der „Zeit", einer der bedeutendsten Zeitungen des Landes (8-H).

Darüberhinaus könnten ohne die Lehrerinnen (8-D) die Schulen und ohne die Arbeiterinnen (8-E) die Fabriken nicht existieren.

Die Hausarbeit ist für viele Frauen nicht mehr die Hauptbeschäftigung. So wie die *Kriminalbeamtin* (detective) Käthe Flach (8-G) leisten Millionen Frauen lediglich in den Abendstunden und am Wochenende Küchenarbeit.

Neben der Berufsarbeit hilft der Mann bei der Kindererziehung mehr als früher mit. Junge Ehepaare (8-A) sind stolz darauf, daß auch in dieser Beziehung die Verantwortung gerechter verteilt wurde. ■

8-F

8-H

8-G

8-I

Inhaltsfragen

1. Wann erzielten die deutschen Frauen ihre größten Fortschritte?
2. Nennen Sie einige bekannte deutsche Frauen.
3. Ist die Hausarbeit noch für viele deutsche Frauen die Hauptbeschäftigung?
4. Ist die Kindererziehung im heutigen Deutschland allein die Aufgabe der Frau?

Diskussionsthemen

1. Wie hat der Zweite Weltkrieg die Situation der deutschen Frau beeinflußt?
2. Glauben Sie, daß sich die Situation der deutschen und amerikanischen Frauen sehr unterscheiden?
3. Wie weit soll Ihrer Meinung nach die Gleichberechtigung gehen?

Aufsatzthemen

Schreiben Sie bitte einen kurzen Aufsatz über eines der folgenden Themen:

1. Deutsche Frauen — gestern und heute.
2. Berufliche Tätigkeit der Frau und Kindererziehung.
3. Absolute Gleichberechtigung von Mann und Frau — Vorteile und Nachteile.

Leitartikel

editorial

SCALA INTERNATIONAL

Frauen steuern *dicke Brummer* und Omnibusse über die Straßen, sitzen an den Schalthebeln von Schienenfahrzeugen, streichen Türen und Fenster an, *ziehen* Mauern *hoch*, zimmern Dächer, fegen Schornsteine, brauen Bier, fahren als Kapitän, *Funkoffiziere*, *Matrosen* und *Deckleute* zur See, sprechen Recht — eine Liste ohne Ende, haben sie also die im *Grundgesetz* der Bundesrepublik Deutschland verankerte *Gleichberechtigung* verwirklicht? Die Mädchen stellen an den Volksschulen 49 Prozent, an den höheren Schulen 43, im Abitur 39, an den Hochschulen 25, im Examen 23 und bei den Doktoranden 17 Prozent (ermittelt vom Forschungsinstitut der Friedrich-Ebert-*Stiftung* in Bad Godesberg), 3,5 Prozent der Beamten im höheren Dienst sind Frauen, die Zahl der *Aufsichtsratmitglieder* in der westdeutschen Wirtschaft beträgt 0,1 Prozent — obwohl jede zweite Frau berufstätig ist.

large trucks (colloq.)

to erect
radio officers / seamen
deckhands
constitution
equal rights

foundation

members of boards of directors

Es ist immer noch schwer, das traditionelle *Rollenbild* aus mehreren tausend Jahren zu beseitigen, das die Frau zum Synonym für Ehe und Familie macht, das zu einem *Bildungsgefälle* zwischen Knaben und Mädchen führt, das Leistung und Verantwortung gleich der des Mannes den Frauen nicht gleich bezahlt, das schließlich jede vierte westdeutsche Frau bei einer Umfrage des Instituts für *Demoskopie* in Allensbach hat antworten lassen, sie würde lieber ein Mann sein. Von den 41,2 Millionen Wählern, die im November letzten Jahres die Zusammensetzung (nicht die Kandidaten) des 7. Deutschen *Bundestages* bestimmten, waren 23,3 Millionen Frauen. Von den 518 *Abgeordneten* des neuen Bundestages sind 30 Frauen, eine von ihnen, Annemarie Renger, wurde zur Präsidentin des Parlaments gewählt. In ihrem couragierten und *engagierten* Kampf für echte Gleichberechtigung, für gleichen gerechten Lohn und für gleiche gerechte *Aufstiegschancen* („Notfalls müssen die Frauen streiken") kann Frau Renger der *Zustimmung* und Unterstützung nicht nur der Frauen sicher sein.

image

discrepancy in education

opinion research

Lower House of Parliament

delegates, members of Parliament

committed

career opportunities
endorsement

Inhaltsfragen

1. In welchen Berufszweigen sind Frauen heute vertreten?
2. Wer ist zur Zeit Präsident des Parlaments in der Bundesrepublik?
3. Für wen setzt sich Annemarie Renger besonders ein?

4. Was ist im Grundgesetz der Bundesrepublik im Hinblick auf Frauen verankert?
5. Haben Frauen die im Grundgesetz der BRD verankerte Gleichberechtigung erreicht?
6. Welchen prozentualen Anteil stellen Frauen in der gehobenen Beamtenlaufbahn, in akademischen Berufen und in Führungspositionen in der westdeutschen Wirtschaft und Politik?
7. Wozu macht das traditionelle Rollenbild die Frau?
8. Existiert immer noch ein Bildungsgefälle zwischen Knaben und Mädchen in der BRD?
9. Haben Frauen in allen Berufszweigen gleiche Aufstiegschancen?
10. Stellen Frauen einen repräsentativen Anteil der 518 Bundestagsabgeordneten?

Schriftliches

A. Vervollständigen Sie bitte die folgenden Übungssätze. (Key p. 175)
1. Frauen sind heutzutage in allen möglichen Berufen tätig, unter anderem . . . . .
2. Jede vierte Frau . . . . .
3. Ehe und Familie sind . . . . .
4. Im höheren Dienst sind . . . . .
5. Gerechter Lohn und gleiche Aufstiegschancen werden . . . . .
6. Das traditionelle Rollenbild macht . . . . .
7. Von 41,2 Millionen Wählern waren . . . . .
8. In ihrem Kampf für echte Gleichberechtigung kann Frau Renger . . . .

B.
1. Geben Sie eine kurze Inhaltsangabe des Artikels.
2. Wählen Sie fünf der am Rande übersetzten Wörter und Redewendungen, und verwenden Sie dieselben jeweils in einem neuen Satz.

Annemarie Renger

12 Millionen Nachzahlung

Auch in den USA werden Frauen schlechter entlohnt

FRANKFURTER ALLGEMEINE ZEITUNG

Dreiunddreißig Millionen Amerikanerinnen, 43 Prozent aller Frauen in den USA *von* sechzehn Jahren an *aufwärts*, sind *erwerbstätig*. Zwei wichtige Gesetze sollen dafür garantieren, daß ihre Arbeit nach dem gleichen *Maßstab* entlohnt wird wie die der Männer. Der „Equal Pay Act" von 1963 verlangt gleiches *Gehalt* für gleiche Arbeit, und der „Civil Rights Act" von 1964 verbietet jede „Diskriminierung". Diese Gesetze werden aber ihrem *Sinn* nach nicht *erfüllt* oder *umgangen*. Ein Drittel aller *ganztags* beschäftigten Frauen, darunter viele mit *abgeschlossener* College-Ausbildung, sind kleine, schlecht bezahlte *Büroangestellte*. In besser oder gut bezahlten akademischen oder technischen Berufen sind nur 15 Prozent zu finden (1940 waren es 45 Prozent). Aber auch hier gibt es ein *Gefälle* zwischen den Gehältern von Männern und Frauen. Eine Wissenschaftlerin verdient durchschnittlich 1 700 bis 5 000 Dollar weniger im Jahr als ihr männlicher Kollege.

Eine Kommission für gleiche Arbeitschancen (EEOC) nimmt an 900 *Zweigstellen Beschwerden* entgegen. Die Kommission hat seit 1964 zusammen mit anderen Regierungszweigen *bewirkt*, daß 132 000 Frauen *Nachzahlungen* im Gesamtwert von 53 Millionen Dollar erhielten. Amerikas größter Arbeitgeber, AT & T, wurde *unlängst* auf Grund von Beschwerden dazu verurteilt, an 113 000 Frauen Nachzahlungen zu leisten, für zuwenig gezahlten Lohn in einer *Frist* bis zu zwei Jahren.

upwards of / employed

standard, scale

salary

intent / to be complied with / to evade
full-time
completed
clerical workers

discrepancy

local offices / complaints
to bring about
retroactive pay
recently

period

Inhaltsfragen

1. Wie viele amerikanische Frauen über sechzehn sind erwerbstätig?
2. Was verlangt der sogenannte „Equal Pay Act"?
3. In welchen Stellungen arbeitet die Mehrzahl amerikanischer Frauen?
4. Verdienen Frauen in wissenschaftlichen Berufen mehr oder weniger als Männer?
5. Welche Aufgabe hat die Kommission für gleiche Arbeitschancen?
6. Was wird in dem 1963 zum Gesetz gewordenen „Equal Pay Act" festgelegt?
7. Hat der „Civil Rights Act" aus dem Jahr 1964 endgültig jede Art der Diskriminierung aus der Welt geschafft?
8. Beschreiben Sie die Situation der Frau in akademischen und technischen Berufen.
9. Was sind „Nachzahlungen", und wie sollen sie geleistet werden?
10. Wie groß ist ungefähr das Gehaltsgefälle zwischen Männern und Frauen in wissenschaftlichen Berufen?

Schriftliches

A. Vervollständigen Sie bitte die folgenden Übungssätze. (Key p. 175)

1. 43 Prozent aller Amerikanerinnen . . . . .
2. Von ganztags beschäftigten Frauen . . . . .
3. Obwohl Gesetze garantieren, daß Frauen und Männer für gleiche Verantwortung gleich entlohnt werden, ...
4. Nur fünfzehn Prozent der Frauen sind in . . . . .
5. Viele weibliche Büroangestellte sind . . . . .
6. Beschwerden in bezug auf „gleiche Arbeitschancen" . . . . .
7. AT & T muß innerhalb von . . . . .
8. Jede „Diskriminierung" wurde durch . . . . .
9. 900 Zweigstellen . . . . .
10. Nachzahlungen im Wert von . . . . .

B.

1. Geben Sie eine kurze Inhaltsangabe des Artikels.
2. Wählen Sie fünf der am Rande übersetzten Wörter und Redewendungen, und verwenden Sie dieselben jeweils in einem neuen Satz.

Der Mensch und die Frauen

DER SPIEGEL

SPIEGEL-Redakteur Gunter Schäble über Bittorfs dreiteiligen Fernseh-Kampf der Geschlechter

Der Mensch *wird* ab und zu *wesentlich*; er hat dann einen warmen, *gesammelten Ausdruck* an sich — in Bild und Ton. Seine Themen sind dann Welt, Mensch und Gott oder alle zusammen. Auch *Sujets* wie die Befreiung der Frau *reichen* ihm da bis in *Vorzeiten zurück*, und „Der Krieg der Geschlechter" *tobt* um Sein oder Nichtsein der Erde. [to attain substance / concentrated expression / issues / to go back / antiquity / to rage]

So erging es Wilhelm Bittorf, der zwischen wichtigen Projekten („Im Schatten des Pentagon"; geplant: eine *Sendung* über Sigmund Freud) auch mal eine *uralte Menschheitsfrage* beantworten wollte: warum Männer und Frauen nicht friedlich zueinander sein wollen. [program / age-old / question / concerning mankind]

Die dreiteilige *Fernsehfolge* „Der Krieg der Geschlechter", die daraus enstand (Sendetermine: vergangenen, diesen und kommenden Montag), spiegelt in erster Linie das unerträgliche *Unbehagen* wider, das der *Angehörige* — Bittorf — der privilegierten Männerklasse vor dem *Scherbenhaufen* der geschlechtlichen *Sklavenhalterei* ganz offensichtlich empfindet. [TV-series / uneasiness / member / shambles / slavery]

Bittorf hat sich zwar auf eine Rede über Geschlechterhaß geworfen und kann doch auch dem *Trieb* nicht *widerstehen*, Berge von passendem Material *anzuliefern* — aus Kunst- und Kulturgeschichten mühevoll *Aufgestöbertes*, *Wochen-*, *Moden-* und *Heerschauen*. *Athene* entspringt dem Haupt des Zeus, Hitlers Soldaten führen Krieg, *Mägde* werden *vergewaltigt* und *Frauenrechtlerinnen* ins Gefängnis geworfen; Pin-up-Girls verhalten sich als *Wunschbilder*, und in Los Angeles üben (heute noch) Ehegattinnen den *Bauchtanz*. In der *Häufung erweist sich* das alles *als* sehr *häßlich*; es *widert an*; Bittorfs Tremor überträgt sich *zuzeiten*: Es dürfe so nicht bleiben. [urge / to resist / to supply / something dug-up / newsreels / fashion shows / military parades / Athena / maidens / to rape / suffragettes / fantasies / belly-dance / accumulation / to prove ugly / to disgust / at times]

Inhaltsfragen

1. Wieweit reicht die Frage der Befreiung der Frau zurück?
2. Was wollte Wilhelm Bittorf auch mal beantworten?
3. Wie heißt die von Herrn Bittorf produzierte dreiteilige Fernsehfolge?
4. Was spiegelt die Fernsehfolge in erste Linie wider?

5. Welche anderen wichtigen Projekte plant Wilhelm Bittorf?
6. Woraus sind die Berge von passendem Material aufgestöbert?
7. Was sind einige der Beispiele für „Geschlechterhaß", die Herr Bittorf in seiner Sendung verwendet?
8. Wie erweist sich das alles in der Häufung?

Schriftliches

A. Vervollständigen Sie bitte die folgenden Übungssätze. (Key p. 176)

1. Das Thema der „Befreiung der Frauen" . . . . .
2. Bittorf plante . . . . .
3. „Der Krieg der Geschlechter" ist . . . . .
4. Angehörige der „privilegierten Männerklasse" empfinden . . . . .
5. Berge von passendem Material . . . . .
6. Was Herr Bittorf auf den Bildschirm brachte, erwies sich . . . . .

B.

1. Geben Sie eine kurze Inhaltsangabe des Artikels.
2. Wählen Sie fünf der am Rande übersetzten Wörter und Redewendungen, und verwenden Sie dieselben jeweils in einem neuen Satz.

Mehr Beratung und praktische Hilfe

Was Politiker zugunsten der Frauen planen

FRANKFURTER ALLGEMEINE ZEITUNG

Gelassen stehen die Politiker in Bonn der für den 29. September geplanten *vermutlich* letzten Großdemonstration gegen das *Abtreibungsverbot* entgegen. Die Regierungsparteien sind sich einig und die Reihen der Opposition *keineswegs* fest geschlossen. Die Fristenregelung[1] ist das *bevorzugte* Reformmodell. Bei einem Gespräch zwischen SPD-Politikerinnen und *Journalistinnen* in Bonn zeigte sich Helga Timm, die Parlamentarische *Geschäftsführerin* der SPD-Fraktion und Mitarbeiterin im *Strafrechtsreform-Sonderausschuß* für den § 218

calmly
probably
law prohibiting abortions
not at all
preferred
female journalists
general secretary
special committee on reform of criminal laws

[1] This term refers to the limitation of the period within which pregnancy may be interrupted.

zuversichtlich: „Die Fristenregelung *wird sich durchsetzen*." Und **hopeful / will be accepted**
Elfriede Eilers, die *Vorsitzende* der Arbeitsgruppe Frauenpolitik in der **president**
SPD-Bundesfraktion, ergänzte: „Die Zeit arbeitet für uns." Was heißen
soll: Nicht nur bei den Politikern, sondern auch in der Öffentlichkeit
ist im Laufe der letzten zwei Jahre durch die permanente Diskussion
um die *Strafbarkeit* der Abtreibung ein *Gesinnungswandel* eingetreten. **illegality, punishability / change of attitude**
Und das gilt für die Bewohner norddeutscher Großstädte ebenso wie
für die Bevölkerung auf dem flachen Land im Süden der Bundesrepublik.

Dem Bundestag liegt ein *Gesetzentwurf* der SPD und der FDP vor, **draft of a bill**
der jedem Bundesbürger einen *Rechtsanspruch* auf individuelle ärztliche **legal claim**
Beratung über Fragen der *Empfängnisverhütung* und den Frauen **contraception**
ärztliche Hilfe beim *Schwangerschaftsabbruch einräumen* will. Die **interruption of pregnancy / to grant, to concede**
Kosten sollen von den gesetzlichen Krankenversicherungen und von
der *Sozialhilfe* getragen werden. **welfare**

Inhaltsfragen

1. Von welcher Demonstration ist hier die Rede?
2. Was ist das bevorzugte Reformmodell?
3. Wer ist Helga Timm?
4. Was sagte Helga Timm hinsichtlich der Fristenregelung?
5. Wer ist Elfriede Eilers?
6. Wer soll die Kosten für ärztliche Hilfe bei Schwangerschaftsabbruch
   und für Empfängnisverhütung tragen?
7. Was will der Gesetzentwurf der SPD und der FDP jedem Bundesbürger einräumen?
8. Kann der Gesinnungswandel im Hinblick auf die Strafbarkeit der
   Abtreibung nur bei bestimmten Bevölkerungsschichten beobachtet
   werden?

Schriftliches

A. Vervollständigen Sie bitte die folgenden Übungssätze. (Key p. 176)
1. Die Großdemonstration soll . . . . .
2. Das bevorzugte Reformmodell für das bestehende Abtreibungsverbot . . . . .
3. Helga Timm glaubt, daß . . . . .

4. Elfriede Eilers ist . . . . .
5. Im Laufe der letzten zwei Jahre . . . . .
6. Als Folge der permanenten Diskussion . . . . .
7. Aufgrund eines Gesetzentwurfs der SPD und . . . . .
8. Ärtzliche Beratung und Hilfe . . . . .

B.
1. Geben Sie eine kurze Inhaltsangabe des Artikels.
2. Wählen Sie fünf der am Rande übersetzten Wörter und Redewendungen, und verwenden Sie dieselben jeweils in einem neuen Satz.

Diskussionsthemen

Bereiten Sie sich auf Klassendiskussionen über folgende Themen vor:
1. Gibt es immer noch Berufe, die Frauen verschlossen sind?
2. Gibt es andererseits sogenannte „Frauenberufe"?
3. Wird die Berufswahl einer Frau auch heute noch von anderen
   Gesichtspunkten bestimmt als denen persönlicher Neigung und
   Eignung?
4. Sind Männer in unserer Gesellschaft wirklich „privilegiert"?
5. Warum, glauben Sie, werden Frauen und Männer immer noch nicht
   vollkommen gleich bezahlt?
6. Sollte die Frage der Abtreibung der individuellen Entscheidung
   überlassen bleiben oder gesetzlich geregelt werden?

Humor

Ist die Küche ein Geschäftsunternehmen?

DIE ZEIT

„Was hast du denn heute nachmittag gemacht, mein Kleiner?" fragt die Mutter.

„Ich habe Briefträger gespielt."

„Ach, wie geht denn das?"

„Ich habe in jeden Briefkasten unserer Straße einen Brief gesteckt."

„Woher hattest du denn soviele Briefe?"

„Aus der Schreibtischschublade. Sie waren mit einem rosa Band zusammen-
gebunden."

„Ich habe vielleicht ein Pech", klagt der junge Ehemann seinem Freund, „gestern
abend komme ich früher als gewöhnlich nach Hause, der Flur war nicht erleuchtet,
ich gewahre nur eine weibliche Silhouette, denke, es ist unser Hausmädchen,
umarme und küsses es ... Da merke ich, daß es meine Frau ist."

„Und wieso hattest du Pech? Das war doch nicht schlimm."

„Denkst du, aber nachdem sie meinen Kuß erwidert hat, flüstert sie: ‚Sei
vorsichtig, mein Mann kann jeden Augenblick nach Hause kommen'."

„Ob ich wohl mal eine Woche frei haben könnte?" fragte der Angestellte schüchtern seinen Chef.

„Ich heirate morgen, und meine Frau wäre sehr glücklich, wenn ich sie auf ihrer Hochzeitsreise begleiten könnte."

Die jungverheiratete Ehefrau klagt der Mutter: „Ich bin die unglücklichste Frau der Welt. Schon sechs Tage nach der Hochzeit liebt mein Mann mich nicht mehr."
„Mein Kind", tröstet die Mutter, „denk daran, daß selbst Gott sich am siebten Tag ausgeruht hat."

„Schmeckt herrlich. Was hast Du falsch gemacht?"

Schlüssel

Die folgenden ergänzten Übungssätze stellen jeweils *eine* Möglichkeit der Vervollständigung dar. Versuchen Sie erst, die Übungssätze selbständig anhand des Artikels zu ergänzen, bevor Sie den SCHLÜSSEL zu Hilfe nehmen.

i **TECHNIK UND WISSENSCHAFT**

Hier spricht das Reh

1. In Niedersachsen helfen Rehe, *Hirsche und Wildschweine versuchsweise beim Umweltschutz.* 2. Mißstände in der Natur werden vom Wild *schneller aufgespürt als von technischen Geräten.* 3. Das Institut für Wildforschung und Jagdkunde an der Universität Göttingen hat deshalb *mehrere Dutzend Tiere mit kleinen Sendern ausgerüstet.* 4. Wissenschaftler verfolgen den Weg der Tiere *Tag und Nacht mit Empfängern.* 5. Wenn sie ungewöhnliches Verhalten und auffälligen Standortwechsel bei den Tieren feststellen, *gehen sie den Ursachen nach.*

Wasserstoff-Benzin

1. In einem neuen Treibstoff, der aus einem Gemisch von Wasserstoff und Benzin besteht, *sehen Amerikas Wissenschaftler eine mögliche Lösung der Benzinkrise.* 2. Ein Testwagen, der *mit dem Gemisch betrieben war, wurde von Ingenieuren des JPL in Pasadena vor kurzem vorgestellt.* 3. Die Vorteile des neuen Treibstoffs bestehen darin, daß *er fast ohne schädliche Rückstände verbrennt und somit heute schon alle Vorschriften für die Reinheit von Auspuffgasen erfüllt, die erst 1977 in Kraft treten.* 4. Der Hauptbestandteil des neuen Antriebstoffes *ist Wasserstoff.* 5. Wasserstoff ist in *unerschöpflichen Mengen in Meeren, Flüssen und Seen vorhanden.* 6. Herkömmliche Motoren können den *neuen Treibstoff ohne große vorherige technische Veränderungen verbrennen.*

Erdbeben mit Voranmeldung

1. Die San-Andreas-Bruch-Zone durchzieht den *Staat Kalifornien auf 1000 km Länge.* 2. Die Experten versichern, daß ein Großbeben *den Kaliforniern hundertprozentig sicher ist.* 3. Die Stadt Los Angeles gilt als *aussichtsreicherer Kandidat für das nächste Erdbeben.* 4. Kaliforniens Subkultur macht schon lange ein Geschäft *mit der Erdbebenangst.* 5. Die Organisation „Fellowship of the Ancient Mind" hat bei den Behörden von Los Angeles um die Erlaubnis gebeten, *aus den Trümmern der zerstörten Stadt die Kunstwerke zu bergen.* 6. Nach Meinung der Planer steht der Großteil der Bevölkerung *der Erdbebendrohung zu gelassen gegenüber.*

Rettende Kohle

1. Akutes Leberversagen kann die Folge sein, wenn *man einen Knollenblätterpilz verzehrt.* 2. Der junge Priester litt an einer schweren Gelbsucht und mußte *ins Krankenhaus eingeliefert werden.* 3. Die Ärzte konstatierten akutes Leberversagen und gaben dem Patienten so gut wie *keine Überlebenschance.* 4. Der Kranke wurde in einer Spezialabteilung des Krankenhauses *an eine Maschine angeschlossen.* 5. Die Kunstleber ist imstande, mit Hilfe von Filterkohle *Giftstoffe aus dem Blut herauszuwaschen.* 6. Das Krankenhaus gab die Auskunft, daß der Patient am Freitag letzter Woche *zum ersten Mal aus dem Koma erwacht ist.*

Krampf gelöst

1. Mit einem kühnen Eingriff behandelt *ein amerikanischer Neurochirurg schwere Fälle von Epilepsie.* 2. Ein Schrittmacher wird *ins Kleinhirn gepflanzt.* 3. Der Augenzeuge beschrieb, wie *sich der Chirurg mit dem Skalpell durch das Gewebe vorarbeitete.* 4. In die Brustmuskulatur wurde *ein Empfänger implantiert.* 5. Seit Beginn dieses Jahres erprobt Dr. Irving S. Cooper eine Art „Gehirnschrittmacher". 6. Diese Operation gilt als *letzte Chance, Kranke mit schwerer Epilepsie von ihren Symptomen zu befreien.*

Hausfrau bekam für ihr Hobby 25 Millionen Mark

1. Der Tierzüchter George Stevens und seine Frau Gwendolyn wollten *sich in der Stadt Adelaide zur Ruhe setzen.* 2. Weil sie es ohne Arbeit nicht aushielt, ging *die ehemalige Krankenschwester auf Suche nach Bodenschätzen.* 3. Auf ihrer Suche nach Bodenschätzen fand Gwendolyn Stevens *die reichsten Uranfelder der Welt.* 4. „Mit dem ruhigen Familienleben war es vorbei", sagt Gwendolyn Stevens, „*sobald die Geschichte bekannt wurde.*" 5. Leute versuchten Tag und Nacht, sie anzurufen und ihr *alles Mögliche zu verkaufen.* 6. Leute, die selbst auf die Suche nach Uran gehen wollten, *baten sie um Ratschläge.*

Vorsicht in Apotheken

1. Man kann auf Reisen im Ausland *unpäßlich werden.* 2. In vielen Ländern wäre es leichtsinnig, in der nächsten Apotheke *Pillen gegen Fieber, Schnupfen, Kopf- oder Bauchweh zu kaufen.* 3. In der Bundesrepublik kann man das Arzneimittel Enterio-Vioform *ohne Rezept in der Apotheke bekommen.* 4. Enterio-Vioform ist ein Arzneimittel, das *unter Umständen ein Nerven- oder Augenleiden verursachen kann.* 5. In manchen Entwicklungsländern muß auch *zur Vorsicht in Apotheken gewarnt werden.* 6. Nach Ansicht mancher amerikanischer Ärzte scheint auch die Bundesrepublik zu den Ländern zu gehören, *wo zur Vorsicht in Apotheken gemahnt werden muß.*

„Keine Sorge — bei mir schläft jeder"

1. Auf dem deutschen Arzneimittelmarkt *sind Schlaf- und Beruhigungsmittel Bestseller.* 2. In der Sprechstunde deutscher Ärzte *klagt jeder fünfte Patient über Schlaflosigkeit.* 3. Auch in den USA gibt es *drei sogenannte Schlafkliniken.* 4. Die Muskelspannung der Patientin sollte *von neun Elektroden gemessen werden.* 5. Unmittelbar über dem Scheitellappen des Gehirns *wurden zwei weitere Elektroden zur Aufzeichnung der Gehirnströme angebracht.* 6. Die Frau hatte schreckliche *Schlafschwierigkeiten.* 7. Dr. Hauri versicherte ihr freundlich, daß *in seinem Labor jeder einschlafe.*

ii GESELLSCHAFT IM WANDEL

Unfallversicherung für Schüler und Studenten

1. Einem Bundestagsbeschluß vom 20. Januar 1971 zufolge wurden *alle Kinder in Kindergärten und alle Schüler und Studenten in die gesetzliche Unfallversicherung einbezogen.* 2. Umfangreiche Rehabilitationshilfen nach *Unfällen wurden ebenfalls beschlossen.* 3. Am 1. April 1971 trat *diese Regelung in Kraft.* 4. Für alle

Schäden, die Jugendliche bei Unfällen während *ihrer Ausbildung erleiden, kommt die Unfallversicherung seither auf.* 5. Die Kosten für diese Unfallversicherung werden von *Ländern und Gemeinden übernommen.*

Wie Indianer

1. Die mittelalterliche Form des Wirtschaftslebens, der Tauschhandel, wird *von immer mehr amerikanischen Firmen wieder eingeführt.* 2. Um seine Wochenzeitschrift termingerecht drucken zu können, *brauchte er Papier.* 3. Endlich fand der Verleger *noch einen geneigten Produzenten.* 4. Der Papierlieferant ließ dem Verleger mitteilen, daß *Papier nur im Austausch gegen Propangas verfügbar sei.* 5. Im Austausch gegen Gas bekam *der Verleger sein Papier.* 6. Tauschgeschäfte sind mittlerweile in *den USA alltäglich geworden.* 7. Der Tausch von Ware gegen Ware war *einst im Europa des Mittelalters und bei den Indianern Amerikas üblich.*

Viele Meinungen zur Vermögensbildung

1. Die Frage, wie die Arbeitnehmer am *wachsenden Kapital der Wirtschaft teilhaben können,* wird *besonders auf Parteitagen immer wieder leidenschaftlich diskutiert.* 2. Die steuerfreie Sparzulage blieb *bisher ein kleiner Schritt auf diesem Wege.* 3. In einem Gesetzentwurf, das das Bundesarbeitsministerium 1971 vorlegte, wurde *bereits eine umfassende Regelung vorgesehen.* 4. Aufgrund dieses Gesetzentwurfs sollen *die Arbeitnehmer in bestimmten Einkommensgrenzen berechtigt sein, Beteiligungspapiere am Gewinn oder am Produktivvermögen ihres Betriebes zu kaufen.* 5. Die künftige Wirtschaftsverfassung befaßt sich ebenfalls mit *der Frage der Vermögensbildung.*

Suche nach besseren Wegen

1. Durch die Reformen im Bereich des Rechts wurden *alte Zöpfe abgeschnitten.* 2. Das Demonstrationsstrafrecht wurde an *die Gegenwart angepaßt.* 3. Auch das Sexualstrafrecht wurde *liberalisiert.* 4. Mit all diesen Maßnahmen wurde die Würde des Menschen gefördert und die *Allgewalt des Staates eingeschränkt.* 5. Die Bundesregierung leitete in diesem Jahr dem Parlament das neue Strafvollzugsgesetz zu, das den Geist der eingeleiteten Reformen *weiterführt.* 6. Häftlinge sollen künftig so behandelt werden, daß sie *später wieder ein Leben ohne Straftaten führen können.*

Gesellschaft im Wandel

1. Auch nach dem zweiten Weltkrieg waren die Deutschen *für den ausländischen Beobachter häufig noch besonders disziplinierte, ordnungsliebende und autoritätsgläubige Menschen.* 2. Die große Ernüchterung nach 1945 führte vorerst *zu einer Rückkehr zu traditionellen gesellschaftlichen Strukturen.* 3. Alte Bildungssysteme spielten eine *ebenso auffallende Rolle wie familiäre und konfessionelle Bindungen.* 4. Der rasche Aufschwung von Wirtschaft und Industrie hat *die soziale Entwicklung bald in eine neue Richtung gelenkt.* 5. Mobilität und Individualität wurden *kennzeichnend für diese neue Richtung.* 6. Der Wunsch vieler nach mehr Bildung und *schnellerem beruflichem Aufstieg wurde durch die guten Aussichten in der Arbeitswelt gefördert.* 7. Immer weniger Respekt *wurde der Autorität bezeugt.* 8. Der kritisch mitdenkende, mitentscheidende und *mitverantwortende Bürger wurde vom Bundeskanzler bei seinem Amtsantritt 1969 gefordert.*

100445301111 — Das Schlimmste von King Kong

1. Jeder Bundesbürger soll in Zukunft *eine Nummer erhalten.* 2. Manche fürchten, daß *dieses Kennzeichen mißbraucht werden könnte.* 3. Persönliche Informationen über *Intelligenz, Gesinnung, Einkünfte und Sexualverhalten könnten vom Staat abgerufen werden.* 4. Das Paradies auf Erden wird *von den Computer-Herstellern verkündet* 5. Der Kundschaft der neuen IBM-Computer wird *Rettung aus Umweltschmutz und Unwissenheit und Erlösung von Armut und Angst verheißen.* 6. In Westdeutschland gibt es schon *15 000 Computer.* 7. Bayern hat *mehr Computer als ganz Afrika.*

Klassenloses Krankenhaus

1. Die völlige Gleichbehandlung aller Krankenhauspatienten wurde *erstmalig vom Bundesland Hessen am 29. 3. 1973 eingeführt.* 2. Das Recht eines jeden Bundesbürgers auf Krankenhaus-Aufnahme wurde *dabei erstmals gesetzlich fixiert.* 3. Dadurch, daß der Chefarzt jetzt nicht mehr gesondert mit den Patienten der ersten und zweiten Pflegeklassen abrechnen darf, *soll ein Abbau der Unterschiede zwischen den einzelnen Pflegeklassen erreicht werden.* 4. Bisher war es üblich, daß der Chefarzt für seine Behandlung von Patienten der ersten und zweiten Pflegeklassen *auch gesondert honoriert wurde.* 5. Gegen zusätzliche Bezahlung kann ein Patient, wenn er es wünscht, *ein Einzelzimmer erhalten.* 6. Wenn ein Patient ein Einzelzimmer erhält, braucht *er sich deshalb nicht vom Chefarzt behandeln zu lassen.*

Vandalismus

1. Obszöne Kritzeleien verschmutzten *die Wände des Zugabteils.* 2. Mit Rasierklingen hatte man *die Polster im Coupé aufgeschnitten.* 3. Auch die Wände des kleinen Londoner Bahnhofs *waren mit Obszönitäten beschmiert worden.* 4. Der Reisende fühlte sich veranlaßt, *die Bahnbehörde anzurufen.* 5. Die Bahnbehörde unternahm Schritte, *die Schmierereien zu entfernen.*

Friede und Pfründe

1. Kardinal Mazarin war *ein französischer Staatsmann.* 2. Nach dem 30jährigen Krieg wurde er *zum Friedensmacher Europas.* 3. Es scheint ein Vorurteil der Moralisten zu sein, *daß nur Moralisten Friedensmacher seien.* 4. Talleyrand und Bismarck sind ebenfalls Beispiele dafür, *daß korrupte Staatsmänner gleichzeitig Friedensfreunde sein können.* 5. Von den Geschäftemachern an der Macht, *war der Italiener Mazarin der findigste und fintenreichste.* 6. Der Italiener Mazarin war *einer der bedeutendsten Staatsmänner Frankreichs.*

Oh schöne heile Welt . . .

1. Mit wachsender Geschwindigkeit geht *die Gegenwart auf die Zukunft zu.* 2. Nostalgie ist nicht *reaktionär.* 3. Die „Gartenlaube" ist *ein Merkmal des wiederentdeckten 19. Jahrhunderts.* 4. Die alten Zeiten waren *alles andere als gut,* und die *heile Welt hat es nie gegeben.* 5. Man schätzt wieder *das Zwecklose und das schöne Überflüssige.* 6. In der Neigung, „alt" zu sein, *will Berlin Paris nicht nachstehen.* 7. Junge Paare machen in den Trödelläden oft *einen guten Fund für wenig Geld.* 8. Vor kurzem noch hat man Spaß gemacht über das, *was man jetzt wundervoll findet.*

iii UMWELTSCHUTZ

Energie aus dem Wind

1. Ein Wissenschaftler-Team in Tinnum *hat ein windbetriebenes Energiewerk erprobt.* 2. Energie aus dem Wind kann *schon bei einer Windgeschwindigkeit von 3 m/sec gewonnen werden.* 3. In Küstennähe sollen *Windmühlen-Inseln errichtet werden.* 4. Windmühlen übertragen die Bewegung auf gegenläufige Rotoren, *damit bereits bei minimaler Windgeschwindigkeit Energie abfällt.* 5 Die U.S. Raumfahrtbehörde erwägt *die Errichtung von Windmühlen-Inseln in Küstennähe.*

Das Schaf hat einen goldenen Fuß

1. Dort, wo es für den Landwirt nicht mehr rentabel ist, *den Boden als Ackerland zu bewirtschaften, entstehen Brachflächen.* 2. Schafe verhelfen kargem, geschundenem Boden *zu neuem Leben.* 3. Schafe beißen das Unkraut weg, und Gras und *Wiesenkräuter beginnen zu wachsen.* 4. Fruchtbares, gesundes Weideland entsteht dort, *wo zuvor Brachland lag.* 5. In Baden-Baden will man *die Schafherden auf 850 Muttertiere anwachsen lassen.*

Umweltschutz

1. Die Belastungen der Umwelt durch *Abgase, Müll, Abwässer und Lärm haben eine gefährliche Grenze erreicht.* 2. Die Lebensbedingungen für den Menschen werden *durch Abgase, Müll, Abwässer und Lärm beeinträchtigt.* 3. Die unschädliche Beseitigung aller Abfälle ist *im Abfallgesetz vom Juli 1972 sichergestellt.* 4. Dem Parlament liegen *mehrere Gesetzentwürfe vor.* 5. Die dem Parlament vorliegenden Gesetzentwürfe betreffen *den Immissionsschutz und den Wasserhaushalt.* 6. Für alle Gewässer in der Bundesrepublik soll *ein Gütestandard festgelegt werden.* 7. Aufgrund des neuen Umweltprogramms sollen *Umweltschäden demjenigen angelastet werden, der sie verursacht hat.* 8. Bisher mußte die Allgemeinheit vielfach *für die Kosten von Umweltschäden aufkommen.*

Weniger kann mehr sein

1. Die Früchte des *zu Ende gegangenen Wirtschaftswunders sind genossen.* 2. Das Erreichte soll *gesichert und ausgebaut werden.* 3. Die Synonyme für Wohlstand und Aufbau — das Auto, das Fernsehgerät — *verlieren ihre Symbolkraft.* 4. Jedes Jahr sterben *19 000 Menschen bei Verkehrsunfällen.* 5. Die Landschaft wird *von 350 Millionen Kubikmetern Müll überschwemmt.* 6. Krebs und Herzinfarkt *lauern unter den Smogglocken der Großstädte.* 7. Die Universitäten sind so *überlastet, daß nur jeder vierte das Fach seiner Wahl studieren kann.* 8. Hoher Lebensstandard ist nicht *gleichbedeutend mit Lebensqualität.* 9. Das Postulat „Lebensqualität" wurde *von der SPD zum zentralen Wahlkampfthema gemacht.* 10. Bundeskanzler Brandt sagte in seiner Regierungserklärung, daß *Lebensqualität eine Bereicherung unseres Lebens über Einkommen und Konsum hinaus sei.*

Zum Schlachten in die Tiefe

1. Hans Hass begann vor *drei Jahrzehnten mit seinen Tauchversuchen in die Unterwasserwelt.* 2. In einer weltweiten Bewegung rücken *jetzt immer mehr Menschen mit automatischen Harpunen den Meerestieren zu Leibe.* 3. Der Amerikaner Guy

Gilpatric gab das Vorbild *für die Unterwasserjagd an der Mittelmeerküste in den dreißiger Jahren.* 4. Es dauerte oft Stunden, ehe wir *einen Fisch mit unserer Harpune überlisten und erlegen konnten.* 5. Wir sahen mit Verachtung auf die Angler herab, *die ihren Haken in einen Leckerbissen verborgen in die Tiefe sandten.* 6. Wir stellten den Fischen geduldig nach und mußten dabei wie *Delphine immer wieder an die Oberfläche kommen, um nach Luft zu schnappen.* 7. Im Gegensatz zu den Anglern *begegneten wir den Fischen in ihrem eigenen Element.* 8. Mit Schleudern und Unterwassergewehren kann man *die Tiere heute aus mehreren Metern Entfernung abschießen.* 9. Mehr als zwei Millionen Unterwasserjäger verwenden heute *diese mechanischen Hilfsmittel.* 10. Durch diesen neuen Massensport sind bereits *viele Küsten „leergeschossen".*

Smog über Nippons Großstädten

1. Die ausländischen Delegierten wurden *im Hubschrauber über Tokyo geflogen.* 2. Die Zahl der Grünflächen *in Tokyo ist außerordentlich gering.* 3. In anderen Großstädten der Welt *gibt es pro Kopf wesentlich mehr Park- und Grünflächen.* 4. Der wirtschaftliche und militärische Aufbau Japans *war das Wichtigste.* 5. Nach dem Krieg hoffte man, *die zerbombten Städte planvoll wieder aufzubauen.* 6. Überall in Japan sieht man *Abfall herumliegen.* 7. Die Bevölkerung Japans ist an der *Umweltverschmutzung mitschuldig.* 8. Krankheitserscheinungen wie Asthma, *Augenleiden und Übelkeit sind Folgen des Tokyoter Smogs.* 9. Der Tanaka-Plan faßt die Japanischen Inseln *als eine Landschaft auf.* 10. Der Plan soll dafür sorgen, den Unterschied *zwischen Stadt und Land auszugleichen.*

iv FEUILLETON

Ehen über die Grenzen

1. Eine beachtliche Anzahl deutscher Männer beziehungsweise Frauen *heirateten Ausländer beziehungsweise Ausländerinnen.* 2. Nach den Jugoslawinnen sind die *Österreicherinnen und Holländerinnen am begehrtesten.* 3. Amerikaner, Italiener und Österreicher sind *die meistgeheirateten Ausländer.* 4. Eine große Anzahl in Deutschland geborener Kinder hat *einen ausländischen Elternteil.*

„Ich bin eine Friedensbombe"

1. Der 15jährige Guru Maharadsch Dschi wurde *vom SPIEGEL interviewt.* 2. Die Jünger des Guru reden *ihn mit „Eure Göttlichkeit" an*; andere *nennen ihn einen Idioten.* 3. Der Guru glaubt sich von Gott auf die Erde geschickt, *um den Frieden zu bringen.* 4. Der Maharadsch Dschi meint, daß *jeder selbst wisse, wie er zu leben habe.* 5. Er empfiehlt jedoch *einen Verzicht auf Fleisch.* 6. Die im Achram lebenden Anhänger *unterliegen einer Sex-Einschränkung.* 7. Drogen sollen nicht *genommen werden.*

Steaks, Spaghetti und Folklore

1. In Berlin gibt es *ausländische Lokale wie Sand am Meer*. 2. Pizza und Spaghetti *werden fast an jeder Ecke serviert*. 3. In Berlin hat man oft die Qual der Wahl, *weil es so viele ausländische Lokale gibt*. 4. Das „Churrasco" am Kurfürstendamm *bezeichnet sich als Steakhaus*. 5. Handtellergroße Fleischstücke werden von Argentiniern *fachmännisch auf einem Holzkohlengrill gewendet*. 6. Das „Romana" ist *typisch für die zahlreichen italienischen Lokale*. 7. Die beste Pizza soll man an *blankgescheuerten Tischen im „Romana" verzehren können*. 8. Die fernöstliche Küche *ist in Berlin sehr beliebt*. 9. Indisches Brot findet man *im Lokal „Kalkutta"*. 10. Die Gäste des Restaurants „Olé" *werden mit spanischer Folklore und von Flamencotänzern unterhalten*.

Soll man den Dr. machen?

1. Oft werden Leute ohne einen akademischen Grad bewußt oder unbewußt als *Menschen zweiter Klasse abgestempelt*. 2. Gleichberechtigung wird *in unserer Zeit großgeschrieben*. 3. Auf einen akademischen Titel sollte man nur Wert legen, *wenn er einem beruflich weiterhilft*. 4. Man müßte vermeiden, *sich als ein „Herr Doktor" behandeln zu lassen*. 5. Der Doktortitel ist ein akademischer Grad. Die Politiker aber *haben ihn zum Titel herabgewürdigt*. 6. Ehrendoktorate sind im letzten Jahrzehnt *besonders begehrt*. 7. Die Tendenz zur Gleichmacherei *ist zu verurteilen*. 8. Die Chancengleichheit hat eine *laufende Verminderung der Leistungen zur Folge gehabt*.

Überraschung

1. Um sich seine Last etwas zu erleichtern, stellte der junge Briefträger gewöhnlich *seine schwere Tasche an der Ecke einer Stichstraße ab*. 2. Außer den Postsachen steckte *die Geldbörse in der Tasche*. 3. Eines Tages stellte er zu seinem Entsetzen fest, daß *sie gestohlen worden war*. 4. Der Briefträger war für die gestohlenen *DM 2 000 voll ersatzpflichtig*. 5. Nachdem die Sache im Viertel bekannt wurde, nahm es *jemand in die Hand, dem Briefträger zu helfen*. 6. Jeder der 450 Postkunden wurde um *eine Spende von DM 4 gebeten*. 7. Das gespendete Geld sollte auf *ein Postscheckkonto eingezahlt werden*. 8. Als Lektion für seinen Leichtsinn sollte der *Briefträger DM 200 selbst bezahlen*. 9. Die Postkunden rätselten, wer *der umsichtige Initiator des Plans gewesen sei*. 10. Zur Überraschung aller stellte sich heraus, daß es *der 18jährige Schüler mit den ausgefransten Hosen und dem kurzen Felljäckchen war*.

Reichlich turbulent

1. Der Schlagersänger Udo Lindenberg ist *mit unprätentiösen Rocktexten zu großen Erfolgen gekommen*. 2. Weil er mit einem Songtext seine Stammkneipe bekannt gemacht hat, *bekommt Udo Lindenberg dort Freibier auf Lebenszeit*. 3. Von seiner Platte „Alles klar auf der Andrea Doria" waren *vier Monate nach ihrem Erscheinen bereits 30 000 Exemplare verkauft worden*. 4. Fast alle seiner sieben Konzerte *waren ausverkauft*. 5. Mehr und mehr werden seine schnodderigen Songs *von westdeutschen Rundfunksendern gespielt*. 6. Mit deutschen Songtexten versucht Udo Lindenberg, *die Kluft zwischen Rock-Underground und Schlagermarkt in der Bundesrepublik zu überbrücken*.

Wer arm ist, bekommt weniger Recht

1. Von einer Anzahl von Polizeibeamten, die kürzlich befragt wurden, äußerten 83 Prozent die Ansicht, daß *reiche Leute vor Gericht in der Regel besser davonkommen; nur 11 Prozent waren anderer Meinung.* 2. Eine Untersuchung über die Chancengleichheit im Zivilprozeß kam ebenfalls zu dem Ergebnis, daß *der, der Geld hat, am Ende recht bekommt.* 3. Die Einstellung, daß der Arme weniger Recht bekommt als der Reiche, findet man oft bei *Arbeitern, kleinen Angestellten oder Beamten.* 4. Nicht alle Bürger haben die gleiche Möglichkeit, die Gerichte anzurufen, weil *sich die Kostenschranke für den weniger finanzstarken Prozeßgegner als hemmend auswirkt.* 5. Eine finanzstarke Partei kann sich bei einem Rechtsstreit gute *Rechtsanwälte und private Gutachter zu deren Unterstützung nehmen.* 6. Unkenntnis ihrer Rechte und wie sie sie durchsetzen können, ist oft ein Grund, weshalb *viele Bürger Unrecht erdulden.*

„Ich singe alles, was schön ist"

1. Hermann Prey singt *alles, was schön ist.* 2. Seit drei Jahren *läuft das Unternehmen.* 3. Hermann Prey stand *800 Stunden auf derselben Stelle.* 4. Sein Herzenswunsch war es, *ein Riesen-Potpourri aus deutschem Liedgut auf Schallplatten zu singen.* 5. 500 Lieder aus acht Jahrhunderten *sind schon auf Band.* 6. Vier Kassetten der „Lied-Edition Prey" *sollen in den Handel kommen.*

Man trägt wieder Pferd

1. In der Bundesrepublik ist das Pferd *wieder in Mode gekommen.* 2. Das Pferd hilft heute nicht bei *Transportunternehmen, Brauereien oder als Zugtier auf dem Bauernhof.* 3. Für viele Landwirte ist das Pferd als Zuchttier *die große Verdienstmöglichkeit geworden.* 4. Der Preis für Hengste und Stuten ist *in den letzten Jahren immer weiter gestiegen.* 5. Die Zahl der einjährigen Fohlen ist von *15 300 im Jahr 1960 auf 26 700 im Jahr 1972 angestiegen.* 6. Für den, der Anschaffung von Kleidung und Zubehör nicht scheut, ist *das Reiten ein Volkssport geworden.* 7. Für Spastiker ist das Reiten *Therapie.* 8. 4 000 DM muß man für ein Pferd anlegen, wenn man *durchschnittliche Ergebnisse im Leistungssport erzielen will.*

V MENSCHEN UND ZEIT

Ein Klima für Super-Wolkenkratzer

1. Drei der fünf höchsten Gebäude der Welt *stehen nun in Chicago.* 2. Als Zeichen wirtschaftlicher Kraft werden in *Chicago Superwolkenkratzer gebaut.* 3. Bei seinem Besuch in Chicago 1867 staunte Heinrich Schliemann über *die großen Gebäude, den Verkehr, eine Schule mit Koedukation und den Getreideumschlagplatz der Prärien.* 4. Man berichtete ihm, daß alle Gebäude der Stadt *einige Jahre zuvor um 2 Meter aus dem Schlamm herausgehoben worden waren.* 5. Im Jahre 1871 wurde Chicago *von einem Feuer zerstört.* 6. Zwischen 1935 und 1954 wurde *nicht viel in Chicago gebaut.* 7. Das Hochhaus der Firma Sears, Roebuck und Co. in Chicago hat *eine Gesamthöhe von 443 Metern.* 8. Zusammen mit dem Fernsehmast erreicht es eine Höhe von 600 Metern und überflügelt *damit das World Trade Center in New York.*

**Technologie für
junge Staaten**

1. Eine Technologie, die wenig Kapital erfordert und viele Arbeitsplätze bietet, wird *von den Entwicklungsländern gebraucht*. 2. Die Verhältnisse in den Entwicklungsländern erfordern, daß *Produkte und Produktionsverfahren der Industrieländer den Bedürfnissen der Dritten Welt angepaßt werden*. 3. Diese Entwicklung wird *von der Bundesrepublik gefördert*. 4. 400 Firmen und 200 Produkte, die der von den jungen Staaten benötigten Technik entsprechen, sind *vom Bundesministerium für wirtschaftliche Zusammenarbeit ermittelt worden*. 5. Ein Institut für Entwicklungsländer-Technologie *soll gegründet werden*.

Einleben in „downtown"

1. Als die Briefschreiberin nach Toronto kam, *war dort alles grau*. 2. Es war auch *oft kalt und neblig*. 3. Von ihrem Balkon aus sehen Nikolaus und die Briefschreiberin einen Swimming-pool, wo *sich blonde Bikini-Frauen aalen und dunkelhaarige Jünglinge high life machen*. 4. Der amerikanische „Riesenschlitten", von dem hier die Rede ist, ist *ein 5,30 Meter langer, dunkelgrüner Plymouth*. 5. Die Stadtautobahnen sind *achtspurige Superstraßen, auf denen man lässig liegend bei Pop-Musik über 100 km fahren kann*. 6. Tote Fische schwimmen am Ufer des Sees, der *abends wunderbar schimmert, verdreckt ist und um den herum Fabrikschornsteine rauchen*. 7. Das Leben in „downtown" wird *in ein paar Jahren für Kinder unmöglich werden*. 8. Die Baustelle des 50stöckigen Wohnhauses ist für die Briefschreiberin *ein Schrecken*. 9. Auf dem Baugelände schaffen gleichzeitig *mehrere Superkräne und 10 oder 20 Bagger*. 10. Vom Fenster ihrer Wohnung können Nikolaus und die Briefschreiberin *Steintürme, verschiedene Colleges, die Baumkronen von Queenspark und ein Stück vom Himmel und See sehen*.

Die Wüste wächst

1. Es ist eine Tatsache, daß *die regenspendenden Monsune nicht mehr weit genug nach Norden vordringen*. 2. Das abgeholzte und brandgerodete Gebiet war *doppelt so groß wie die Staaten Westeuropas*. 3. Was im Umkreis der Brunnen an Ackerkrume übriggeblieben war, *wurde von Rinderhufen niedergetrampelt*. 4. Kritiker sehen die Ursachen der Hungersnot in der Sahel-Zone *als die Folge einer Raubbau-Politik*. 5. Die einstigen Kolonialmächte, und später die Sahel-Regierungen, sollen *eine Raubbau-Politik betrieben haben*. 6. Im Süden ist die Sahara im *letzten Jahr stellenweise um 48 Kilometer vorgerückt*. 7. Kürzlich sind auch Metereologen und Klimaforscher in *die Sahel-Diskussion eingetreten*. 8. Als eine weitere mögliche Erklärung für die Katastrophe wird *das sich verändernde Welt-Klima angesehen*. 9. Die New Yorker Wetterforscher vermögen jedoch nicht zu beantworten, *welche Kräfte den Monsun bremsen und ob der Klimawandel von Dauer sei*. 10. Es scheint jedoch sicher, daß auch in den gemäßigten Breiten und *in den nördlichen Kälteregionen Klimaveränderungen stattfinden*.

**Eine Schule, die noch
Abenteuer bietet**

1. Die Kurzschule Baad wird *von der Deutschen Gesellschaft für Europäische Erziehung getragen*. 2. Die Schule liegt *im Kleinwalsertal*. 3. In Weißenhaus an der Ostsee begann *1952 die erste deutsche Kurzschule*. 4. Kurt Hahn gründete *die Outward-Bound-Schools in England*. 5. Die Bergschule in Berchtesgaden

entstand im Jahre 1956.   6. In Baad haben junge Leute die Gelegenheit, *sich in der Bewältigung bestimmter Aufgaben zu üben und zu bewähren.*   7. Menschen jeder sozialen Herkunft, jeder politischen und religiösen Bindung, jeder Nationalität oder Hautfarbe sollen die Schule besuchen.   8. Im Mittelpunkt der Erziehung stehen *die Hilfe für den Nächsten und die Rettung des Mitmenschen aus Not und Gefahr.*

vi   SPORT

Schnelle Spur

1. Eine Geschwindigkeit von 120 Stundenkilometern wurde *beim schnellsten Skirennen erreicht.*   2. Nur so zum Spaß hängt sich der Skirennläufer Jim Hunter *gelegentlich aus dem Hotelfenster heraus.*   3. Der Anblick der vereisten Abfahrtspiste vom Planai veranlaßte ihn *zu dem Ausruf: ,,Stellt zwei Helikopter zum Abtransport der Verletzten bereit.''*   4. Er raste über die 3 145 Meter lange Strecke *in 103 Sekunden zu Tal.* 5. Seine Durchschnittsgeschwindigkeit *war rund 110 km/h.* 6. Die Schweizer Bernhard Russi und Roland Collombin gelangten um *30 Hundertstelsekunden rascher ans Ziel.*

Jubler willkommen

1. 16 Mannschaften werden *an der Fußball-Weltmeisterschaft 1974 teilnehmen.* 2. Haiti, Trinidad und Zaire betrachten *schon die Teilnahme an dem Turnier als größten Triumph.* 3. Südamerika und Europa *haben die stärksten Mannschaften.* 4. In den Qualifikations-Runden *verlor Ungarn gegen Schweden.*   5. Polen, der Olympiasieger von 1972, *besiegte die englische Mannschaft.* 6. Kicker-Weltmächte sind beim eigentlichen Turnier *selten von Fußball-Entwicklungsländern erschüttert worden.* 7. 1950 gelang es dem US-Team, *die englischen Favoriten aus dem Turnier auszuschalten.*

Schlacht der Geschlechter

1. Das aufwendigste Spiel der Tennis-Geschichte findet in *der größten Sporthalle der Welt statt.*   2. Robert Larimore Riggs, ein notorischer Wetter von 55 Jahren, ist *der Star des Ereignisses.*   3. Er setzte 5 000 Dollar darauf, die besten Tennisspielerinnen der Welt zu *besiegen.*   4. Er wird gegen die fünfmalige Wimbledon-Siegerin Billie Jean King *auftreten.*   5. Die von der amerikanischen TV-Gesellschaft gezahlte Summe von 750 000 Dollar ist 15mal *größer als die für das gesamte Turnier in Wimbledon.*   6. Alle Umsatzrekorde im Welttennis werden damit von Riggs gebrochen. 7. Riggs ist jedoch nicht der *Erfinder von Wettkämpfen zwischen Männern und Frauen.*   8. Bereits 1904 traten Boxerinnen bei *der Olympiade in St. Louis auf.*

Zerstörte Zellen

1. Jüngere umfassende Untersuchungen haben bewiesen, daß *Boxen zu Dauerschäden und Spätfolgen führt.*   2. Die Bundesregierung hat eine Gutachtenkommission beauftragt, *ein Boxverbot zu prüfen.*   3. Ein britischer Boxweltmeister verwandelte sich nach 400 Kämpfen von einem ruhigen und genügsamen Mann in

einen widerborstigen Trinker und Spieler. 4. Sein Gedächtnis versagte, seine Frau verließ ihn und er wurde von *Bediensteten verlaust im Heizungskeller eines Hotels aufgegriffen.* 5. Ein anderer Boxweltmeister zeigte nach 700 Kämpfen Sprachstörungen, zog *ein Bein nach* und starb *in einer psychiatrischen Anstalt.* 6. Obwohl im American Football und bei Motorrennen mehr Menschen umkommen als im Boxen, stellten Ärzte bisher *in keiner anderen Sportart so häufige und schwerwiegende Spätfolgen fest wie im Boxen.* 7. Bei den Olympischen Spielen 1972 in München waren die besten Amateurboxer und namhafte Sportmediziner aus aller Welt versammelt, und man wollte *eine umfassende Untersuchung anstellen.* 8. Sie fand jedoch nicht statt, weil *die Boxfunktionäre Schaden für ihre Sache mehr fürchteten als für ihre Boxer.*

Was Tödliches 1. Als einer von 13 Automobilweltmeistern, von denen außer ihm nur noch sieben leben, erklärte *Jackie Stewart jetzt seinen Rücktritt.* 2. Am Grab des Rennfahrers Joakim Bonnier *trauerte der junge Franzose François Cévert.* 3. Durch seinen frühen Rücktritt will sich John Young Stewart *dem Totentanz entziehen.* 4. Noch kein Grand-Prix-Fahrer ist so früh und *auf dem Höhepunkt seiner Karriere abgetreten.* 5. Nur Juan Manuel Fangio war *erfolgreicher als Jackie Stewart.* 6. Mit 27 Siegen in 99 Grand-Prix-Rennen siegte *Stewart häufiger als jeder andere Rennfahrer.* 7. Manuel Fangio meint, daß *die Geschwindigkeiten, mit denen heute Rennen gefahren werden, weit überhöht seien.* 8. Jim Clark fand den Tod, als *sein Wagen auf gerader Strecke ins Schleudern geriet und an einem Baum zerschellte.*

Die Wände hoch 1. Das schnelle Squash-Spiel wird von Experten *als kinderleicht eingeschätzt.* 2. Zwei Spieler stehen nebeneinander zwischen vier Wänden und *dreschen abwechselnd auf einen schwarzen Gummiball ein.* 3. Die Lust am schnellen Ball entzündet sich nicht nur *in Australien, sondern auch in den USA und in England.* 4. Mittels harter Schläge werden die hohlen Gummibälle schon von mehr *als 1,2 Millionen Squashern an die Wand gequetscht.* 5. Rasch haben sich auch in Hamburg 500 Spieler in der ersten *bundesdeutschen Squash-Halle gesammelt.* 6. Die Herstellung von Squash-Schlägern macht 70 Prozent der gesamten *Schläger-Produktion der Firma Dunlop aus.* 7. Weltbank-Präsident Robert McNamara sowohl *als auch Nigerias Staatschef Yakuta Gowon spielen Squash.* 8. Die US-Ranglisten-Squasherin Dede Shipway Webster meinte, daß *Squash sogar ein höchst geeigneter Hausfrauensport sei.*

vii VERKEHR UND REISE

Das Auto ist ein Stück Freiheit 1. Nur wenige konnten sich die ersten Automobile leisten, weil *sie teuer waren.* 2. Durch die Großserienproduktion wurde es für Millionen von Menschen möglich, *sich den Traum vom eigenen Wagen zu erfüllen.* 3. Der Besitz eines Autos machte den Eigentümer in *einem nie gekannten Maße zum Herrn über Raum und Zeit.* 4. Millionen von Menschen können mit dem Auto dem Alltag entrinnen und *in einer anderen Umgebung wohlverdiente Erholung suchen.* 5. Innerhalb weniger Tage *bringt das Auto den Menschen in die Urlaubsgebiete und zurück.* 6. Kein anderes Verkehrsmittel kann *so große Massen in so kurzer Zeit transportieren.* 7. Der moderne Mensch mit seinem ausgeprägten Freiheitsdrang will sich frei *von zeitlicher und örtlicher Bindung bewegen können.* 8. Zusammen mit anderen Verkehrssystemen wird das Auto *die Verkehrsbedürfnisse der Gesellschaft von morgen befriedigen können.*

Fließband zum Jet

1. Anfang nächsten Jahres wird Amerikas *erster Airport für das kommende Jahrtausend eröffnet.* 2. So bequem wie in der Ära der Propellermaschinen sollen *dort jährlich 50 Millionen Passagiere starten und landen.* 3. Für die Barbecues, Bankette und den Luftzirkus, die zur Einweihung stattfanden, wurden *von Lokalpatrioten mehr als eine halbe Million Dollar gestiftet.* 4. Man dachte schon, die Außerirdischen kämen, als *Anfang September im Nachthimmel eine sowjetische Trägerrakete verglühte.* 5. Ein futuristisches Flugzeug schwebte immerhin in Form einer Concorde ein, die auf *ihrem Jungfernflug nach den USA Ende vorigen Monats auf dem größten Flughafen der Welt landete.* 6. Das Aerodrom in Texas ist aus Prärie und Baumwollfeldern gestampft und mit *seinen 70 Quadratkilometern größer als alle New Yorker Luftverkehrsplätze zusammen.* 7. Anfang kommenden Jahres soll der Dallas-Fort Worth Regional Airport *für den Linienverkehr freigegeben werden.* 8. Die 43 Zentimeter dicke Betonpiste ist *tragfähig genug für Super-Jumbos.*

Risiko mit SIFA

1. Die Bundesbahn läßt ihre schnellen Züge mit *antiquiertem Sicherheitsstandard fahren.* 2. Die Bundesbahn beteuert, daß die Elektro-Lok E 103 nicht nur *die stärkste und schnellste sei,* sondern *auch sicher.* 3. Automatisch wird selbst die *Wachsamkeit des Lokomotivführers überwacht.* 4. 21 Menschen starben und 131 wurden verletzt, als der „Schweiz-Expreß", *der von der Sicherheitslok gezogen wurde, bei Rheinweiler im Badischen entgleiste.* 5. Obwohl eine bestimmte Kurve nur eine Geschwindigkeit von 75 km/h verträgt, hatte *der PS-Protz sie mit 140 km/h durchfahren.* 6. Wissenschaftler, Juristen und Bundesbahnverwalter streiten noch immer darum, *wer oder was an der Katastrophe Schuld ist.*

Flotte Fahrt in die Sackgasse

1. Über Jahrzehnte hin verbesserte und werkelte die Autoindustrie am Auto herum und *verlernte dabei das Nachdenken.* 2. Ihrer Weisheit letzter Schluß sind seit *einhundert Jahren vier Räder plus Verbrennungsmotor.* 3. Trotz extremer Kritik am Auto wurde die Internationale Automobil-Ausstellung in Fankfurt unter dem Motto *„Mit dem Auto in die Zukunft" eröffnet.* 4. Städtebauminister Vogel sagte, daß *das Auto die Großstadt morde.* 5. Die Autoindustrie ist voller Zuversicht, weil sie meint, daß *die hundertjährige Entwicklung zum heutigen Individualverkehr sich weder in zehn noch in zwanzig Jahren umkehren läßt.* 6. Johann Heinrich von Brunn meinte, daß der Wunsch, ein Auto zu haben, in der deutschen Bevölkerung so groß sei, *daß eher auf vieles andere verzichtet werde.*

Nach unten treten 1. Von der Firma Harris Dynamics *wurde ein neuartiger Fahrrad-Antrieb entwickelt.* 2. Da das Hinterrad nicht über Drehpedale sondern mittels Hebelpedalen gedreht wird, *wird nutzloses Strampeln vermieden.* 3. Zum Anfahren muß von den Beinen ein *maximaler Pendelausschlag von 33 Zentimetern bewältigt werden.* 4. Im Frühjahr soll die erste Serie des Modells MK II *auf den amerikanischen Markt gebracht werden.* 5. Verwandlungskünstler scheinen ein *anderes revolutionäres Fahrrad-Modell ersonnen zu haben.* 6. Rahmen, Sattel und Lenker können *auf jede Körpergröße eingestellt werden.* 7. Da man die Speichenräder gegen je zwei hohle Halbkugeln auswechseln kann, kann *dieses Modell auch im Sand, Morast oder Schnee benutzt werden.* 8. Hobby-Gärtner haben die Möglichkeit, *statt des Hinterrads verschiedene Gartengeräte zu montieren.*

Schlimmer als Jauche 1. Es ist sehr wahrscheinlich, daß der geplante Aérotrain in Frankreich *einen Skandal verursachen wird.* 2. Das modernste Verkehrsmittel Frankreichs sollte bereits *zu den Olympischen Spielen 1968 zwischen Lyon und Grenoble in Verkehr sein.* 3. Der Zug soll das Luxus-Büroviertel Défense *mit der Satellitenstadt Cergy verbinden.* 4. Bürgermeister Hirsch überzeugte die Firma 3M davon, daß es vorteilhaft sei, *ihre Frankreich-Zentrale nach Cergy zu verlegen.* 5. Für 2 000 Arbeitnehmer wurden *insgesamt 40 000 Quadratmeter Büro gebaut.* 6. Da man ein Debakel befürchtete, wurde *der Baubeginn des Aérotrain immer wieder verschoben.* 7. Die Concorde-Flugzeuge hatten sich als *teuer, nicht sehr nützlich und nahezu unverkäuflich erwiesen.* 8. Der Aerotrain wird von *einem Heckpropeller angetrieben.* 9. Die Fahrtgeräusche wurden von Testreisenden *nicht lauter als in einem Flugzeug empfunden.* 10. Die Leute jedoch, die den Zug vorbeirasen sahen, *urteilten weniger positiv.*

viii DIE ROLLE DER FRAU IM WANDEL DER ZEIT

Leitartikel 1. Frauen sind heutzutage in allen möglichen Berufen tätig, unter anderem *fahren sie Lastwagen, sind Mitglieder der Bundeswehr und arbeiten in fast allen Berufen der Industrie.* 2. Jede vierte Frau *in Westdeutschland würde lieber ein Mann sein.* 3. Ehe und Familie sind *gleichbedeutend mit dem traditionellen Rollenbild der Frau.* 4. Im höheren Dienst sind *nur 3,5 Prozent der Beamten Frauen.* 5. Gerechter Lohn und gleiche Aufstiegschancen werden *von vielen Frauen heute erwartet und politisch erkämpft.* 6. Das traditionelle Rollenbild macht *Ehe und Familie zum Synonym für die Frau.* 7. Von 41,2 Millionen Wählern waren *23,3 Millionen Frauen.* 8. In ihrem Kampf für echte Gleichberechtigung kann Frau Renger *der Zustimmung und Unterstützung nicht nur der Frauen sicher sein.*

12 Millionen Nachzahlung 1. 43 Prozent aller Amerikanerinnen *über 16 Jahre sind erwerbstätig.* 2. Von ganztags beschäftigten Frauen *haben ein Drittel nur schlecht bezahlte Stellungen als Büroangestellte.* 3. Obwohl Gesetze garantieren, daß Frauen und Männer für gleiche Verantwortung gleich entlohnt werden, *werden diese Gesetze nicht erfüllt* *oder umgangen.* 4. Nur fünfzehn Prozent der Frauen sind in *akademischen und technischen Berufen.* 5. Viele weibliche Büroangestellte sind *Frauen mit abgeschlossener College-Ausbildung.* 6. Beschwerden in bezug auf „gleiche Arbeitschancen" *können an eine eigens dafür eingerichtete Kommission gerichtet werden.* 7. AT & T muß innerhalb von *2 Jahren an 13 000 Frauen Nachzahlungen leisten.* 8. Jede „Diskriminierung" wurde durch *den „Civil Rights Act" von 1964 verboten.* 9. 900 Zweigstellen *der Kommission für gleiche Arbeitschancen (EEOC) nehmen Beschwerden entgegen.* 10. Nachzahlungen im Wert von *53 Millionen Dollar wurden als Lohnausgleich an 132 000 Frauen gezahlt.*

Der Mensch und die Frauen

1. Das Thema der „Befreiung der Frau" *reicht bis in Vorzeiten zurück.* 2. Bittorf plante *auch mal eine uralte Menschheitsfrage zu untersuchen.* 3. „Der Krieg der Geschlechter" ist *eine Frage von Sein oder Nichtsein.* 4. Angehörige der „privilegierten Männerklasse" empfinden *oft ein Unbehagen vor dem Scherbenhaufen der geschlechtlichen Sklavenhalterei.* 5. Berge von passendem Material *wurden von Wilhelm Bittorf als Belegmaterial aus Kunst- und Kulturgeschichten aufgestöbert.* 6. Was Herr Bittorf auf den Bildschirm brachte, erwies sich *in der Häufung als sehr häßlich.*

Mehr Beratung und praktische Hilfe

1. Die Großdemonstration soll *am 29. September in Bonn stattfinden.* 2. Das bevorzugte Reformmodell für das bestehende Abtreibungsverbot *ist die Fristenregelung.* 3. Helga Timm glaubt, daß *sich die Fristenregelung durchsetzen wird.* 4. Elfriede Eilers ist *die Vorsitzende der Arbeitsgruppe „Frauenpolitik" in der SPD-Bundestagsfraktion.* 5. Im Laufe der letzten zwei Jahre *hat eine permanente Diskussion um die Strafbarkeit der Abtreibung stattgefunden.* 6. Als Folge der permanenten Diskussion *um die Abtreibung ist ein Gesinnungswandel in der Bevölkerung eingetreten.* 7. Aufgrund eines Gesetzentwurfs der SPD und *FDP soll Frauen ein Rechtsanspruch auf ärztliche Hilfe bei Schwangerschaftsabbruch eingeräumt werden.* 8. Ärztliche Beratung und Hilfe *in Fragen der Empfängnisverhütung und bei Schwangerschaftsabbruch sollen allen Frauen zustehen.*

Acknowledgments

Grateful acknowledgment is made to the following newspapers, magazines, authors, and agents for their permission to reprint copyrighted material.

SCALA INTERNATIONAL, Frankfurt (Main), for

Hier spricht das Reh
Unfallversicherung für Schüler und Studenten
Viele Meinungen zur Vermögensbildung
Suche nach besseren Wegen
Gesellschaft im Wandel
Klassenloses Krankenhaus
Oh schöne heile Welt . . .
Umweltschutz
Weniger kann mehr sein
Ehen über die Grenzen
Steaks, Spaghetti und Folklore
Man trägt wieder Pferd
Technologie für junge Staaten
Eine Schule, die noch Abenteuer bietet
Das Auto ist ein Stück Freiheit
Leitartikel (Number 4, 1973)

The New York Times News Service and Special Features, Paris, for the following articles published in DER SPIEGEL:

Wasserstoff-Benzin
Rettende Kohle
Krampf gelöst
,,Keine Sorge — bei mir schläft jeder''
Wie Indianer
10044530111 — Das Schlimmste von King Kong
Friede und Pfründe
Energie aus dem Wind
,,Ich bin eine Friedensbombe''
Reichlich turbulent
,,Ich singe alles, was schön ist''
Die Wüste wächst
Schnelle Spur
Jubler willkommen
Schlacht der Geschlechter
Zerstörte Zellen
Was Tödliches
Die Wände hoch

Fließband zum Jet
Risiko mit SIFA
Nach unten treten
Schlimmer als Jauche
Der Mensch und die Frauen

DIE ZEIT, Hamburg, for

Erdbeben mit Voranmeldung
Vorsicht in Apotheken
Zum Schlachten in die Tiefe
Soll man den Dr. machen?
Wer arm ist, bekommt weniger Recht
Flotte Fahrt in die Sackgasse
and for the jokes appearing in the HUMOR sections on pages 20, 43, 61,
86, 104, 122, 141, and 159–160

Heinrich Bauer Verlag, Hamburg, for the article „Hausfrau bekam für ihr
Hobby 25 Millionen Mark" published in the magazine QUICK.

Wolfgang W. Parth, Munich, for the jokes published in the magazine QUICK
appearing in the HUMOR section on page 19.

FRANKFURTER ALLGEMEINE ZEITUNG, Frankfurt (Main), for

Vandalismus
Das Schaf hat einen goldenen Fuß
Smog über Nippons Großstädten (by Lily Abegg, published on September
29, 1973, in the weekend supplement „Bilder und Zeiten")
Überraschung
Ein Klima für Superwolkenkratzer
Einleben in „down town"
12 Millionen Nachzahlung
Mehr Beratung und praktische Hilfe

Ads from DER SPIEGEL on pages, 10, 30, 56, 71, 117, 135, and 153, reprinted by permission of:

Die Werbe Euro-Advertising GmbH & Co., Essen, and Informationszen-
trale für Elektrizitätswerke e.V.

Dorland GmbH & Co. KG, München. (The photo in the Hewlett-Packard
ad is reprinted by permission of the magazine ELTERN.)

HBU Werbeagentur GWA, Düsseldorf, and E. Merk, Darmstadt.

LINTAG GmbH, Hamburg, the Deutsche Bundespost and the copyright owner Mr. Volker Ernsting, Bremen.

Heumann, Ogilvy & Mather GmbH & Co., Frankfurt (Main).

Cartoon from QUICK, page 139, reprinted by permission of International Feature Service, Brussels.

Photograph Credits

1 Bayer-Leverkusen chemical plant, Leverkusen, Germany   Wide World Photos
2 (Upper) Shielded mining, Essen, Germany   Courtesy, German Information Center
   (Right) Coal mine, Gelsenkirchen, Germany   Courtesy, German Information Center
3 (Upper right) Giant coal digger, Ruhr region, Germany   Courtesy, German Information Center
   (Lower left) Cargo ships in the Rhine river, Germany   Courtesy, German Information Center
4 (Upper) Electric installations, Germany   Courtesy, German Information Center
   (Right) Electric lines, Germany   Courtesy, German Information Center
5 Graphic, reproduced by Courtesy of German Information Center
7 Wankel Rotary Combustion Engine   Courtesy, German Information Center
13 Operating room, University Clinic, Westend Hospital   Courtesy, German Information Center
16 Pharmacy, Munich, Germany   Photo by Judy Poe
19 Cartoon   Courtesy, German Information Center
20 Cartoon   Courtesy, German Information Center
21 Bundeshaus, Bonn, Germany   Courtesy, German Information Center
22 (Upper left) Sign   Courtesy, German Information Center
   (Lower right) Political posters, Bonn, Germany   Courtesy, German Information Center
23 (Left) Political posters, Bonn, Germany   Courtesy, German Information Center
   (Upper right) Street scene, Bad Godesberg, Germany   Courtesy, German Information Center
   (Lower right) Street scene with political posters, Bad Godesberg, Germany   Courtesy, German Information Center

24 Political posters, Germany   Courtesy, German Information Center
26 Children sitting on a fence, Bavaria, Germany   Photo by Judy Poe
29 Sparkasse, Schongau, Germany   Photo by Judy Poe
32 Inmates working in prison, Germany   Inter Nationes, photo by Ronald Friese
34 Data processing, Nuremberg, Germany   Courtesy, German Information Center
40 Antique shop, Zurich, Switzerland   Photo by Judy Poe
43 Cartoon   Courtesy, German Information Center
44 Cartoon   Courtesy, German Information Center
45 Dumpyard in Germany   Courtesy, German Information Center
46 (Upper) Debris, Bonn, Germany   Courtesy, German Information Center
   (Lower) City dump, Bonn, Germany   Courtesy, German Information Center
47 (Upper) Testing of pollutants, Essen, Germany   Courtesy, German Information Center
   (Lower) Measuring devices to determine the degree of pullution in the atmosphere, Germany   Courtesy, German Information Center
48 (Upper) Young athletes wearing breathing masks, Munich, Germany   Courtesy, German Information Center
   (Lower) Volunteers picking up garbage, Germany   Courtesy, German Information Center
50 Windmill, Germany   Courtesy, German Information Center
51 Sheep, Bugberg, Fichtel Mountains, Germany   Courtesy, German Information Center
54 West Berlin, Germany   Courtesy, German Information Center
61 Cartoon   Courtesy, German Information Center

1 2 3 4 5 6 7 8 9 10